小学校の模擬授業と
リフレクションで学ぶ

授業づくりの考え方

渡辺貴裕

くろしお出版

まえがき

　若い先生方のなかにこういう人はいないでしょうか。

　授業がもっとうまくできるようになりたいと思って、単元や教材ごとの授業の進め方を解説した『○○の指導法』『○○の板書』といったマニュアル本を読みあさる。その手順通りに授業を行うけれど、うまくいかない。きっと参考にしたものがまずかったんだと思って、また別のマニュアル本に手を伸ばす。けれども、やっぱり思うようにいかない。この繰り返し。私はこんなに一生懸命頑張っているのに…。徒労感が増していく。

　あるいは、教師を目指す学生でこんな人はいないでしょうか。

　教育実習で授業をしなくちゃいけない。教員採用試験でも模擬授業があるらしい。心配なので仲間を集めて一緒に模擬授業を行ってみたけれど、声の大きさや板書の見やすさを指摘し合うだけで終わってしまった。表面的な感じがするけれど、まだ現場経験のない自分たちにはどうやったら授業をよくできるかなんて分からないし…。授業づくりってどんなふうにして学べばいいの？

　さらに、彼らを育てる立場のベテランの先生や指導主事、大学の教職課程の先生方のなかにはこういう人がいるかもしれません。

　若い先生や学生の授業を見て「こうしたらいいよ」とアドバイスをするけれど、本人に響いている感じがしない。望ましいやり方をていねいに教えているつもりなのに、「ハイ」と返事が返ってくるだけで授業は何も変わらなかったり、「分かってます！」と嫌な顔をされたり…。何度言っても授業に変化が見られないことにだんだんこちらもイライラしてくる。どうやって彼らを指導していけばいいの？

　本書はこうした悩みを抱えている方々のために書かれました。

　今挙げた３つの例に共通して欠けているものは何でしょうか。

　それは、授業で起きた具体的事実を振り返り、そこから授業づくりについての気づきを導き出すという学び方です。

　たしかに、マニュアル本に載っている手順や先輩教師からの「こうしたらいいよ」というアドバイスが役に立つこともあります。けれども、教室

i

で遭遇しうる状況をすべて事前に想定することが不可能である以上、あらゆる場面での対応策を誰かにあらかじめ教えてもらうわけにはいきません。また、そもそも授業づくりに関して、どんな子どもたちや状況でも通用する絶対的な「正解」があるわけでもありません。教師は、自分が置かれた状況のなかでどう準備し、どうふるまうか、最終的には自分で考えて自分で決めなければならないのです。

　そのためには、授業づくりの考え方を身に付けることが必要になります。考え方を身に付けていれば、教師は、状況に合わせて柔軟に授業の組み立てを考えたり、臨機応変な対応を行ったりすることができるようになります。

　そうした考え方を身に付けるうえで有効なのが、授業で起きた出来事をもとに振り返りを行って、出来事の意味や背後にある発想、別の可能性などを考えるという学び方。実践のこうした振り返りは、教師教育の分野では「リフレクション（省察）」と呼ばれ、教師の専門性の伸長のために欠かせないものとみなされるようになっています。

　そこで本書では、授業づくりの学び方と考え方とを同時に学んでいくことを目指します。具体的事実からどのようにして気づきを導き出すかというリフレクションの仕方と、それを通して得られる授業づくりの発想のポイントを一緒に学んでいきます。

　こうしたやり方は一見、遠回りのようで、「手っ取り早く結論だけを教えてくれ」と思われるかもしれません。けれども、ポイントを浮かびあがらせるためのリフレクションの仕方から知ることで、ポイントをより幅広く応用したり、さらにそれ以外のポイントを自分で見つけ出していったりすることが可能になります。また、学生や教師を育てる立場のみなさんの場合には、本人が自分の頭で考えて授業を変えていくのをサポートするための手がかりが見えてくるはずです。

　そのために本書では、授業づくりを扱う本として、今までにないタイプの構成をとりました。

　メインをなす「セッション」では、小学校教師を目指す学生が集まって、模擬授業を通して授業づくりについて学ぶ勉強会をしているという架

空の設定を用います。大学生5名が、教師役と子ども役に分かれて模擬授業を実施し、それを振り返る話し合いを行います。事例には小学校の授業をとりあげていますが、振り返りでの掘り下げ方や発想のポイントは中学校や高等学校の場合にも共通しますので、中高の先生方やそれを目指すみなさんにも活用していただけたらと思います。

「セッション」と「セッション」の間には、「ミニレクチャー」を設けました。「ミニレクチャー」では、本書で進めていくような学び方の意義や理論的背景、具体的な方法について解説します。

これらを通して授業づくりの学び方と考え方を身に付けて、教師志望の学生や若手教師のみなさんには自身の授業をよりよくするために、彼らを育てる立場にあるみなさんにはその手助けをするために、役立てていただければと思います。

なお、本書の「セッション」で描く授業の事例は、私がこれまでに学生の模擬授業や実際の授業などで目にしてきたものをもとに加工して構成しています。そのなかには、現場の先生方から見たら「あり得ない」と感じられるような、あるいは、教師用指導書に従っている限りは起こり得ないような「失敗」も出てくるかもしれません。けれども、こうした素朴な「失敗」は、学生や新人教師が陥りがちな発想や癖をよく現すもの。また、経験豊富な先生方にとっても、授業づくりの発想のポイントを意識化する機会になるはずです。

本書が、挑戦とリフレクションの繰り返しによってよりよい実践を追求していく楽しさへと、みなさんを招き入れるきっかけとなりますように。

さあ、始めましょう。

渡辺貴裕

iii

目　次

まえがき　　i
本書の構成　　vi
本書の活用法　　x
登場人物の紹介　　xiii
「セッション」の表記について　　xiv

セッション1

小3理科「物の重さ」......1
ミニレクチャー①　教師役と子ども役との対話......16

セッション2

小6社会「参勤交代」......21
ミニレクチャー②　振り返りを深めるということ......40

セッション3

小2算数「かけ算の問題づくり」......45
ミニレクチャー③　子ども役になるということ......61

セッション4

小2国語「たとえをつかって文を書こう」......65
ミニレクチャー④　感情が果たす役割......82

セッション5

小4算数「何倍でしょう」......87
ミニレクチャー⑤　模擬授業＆検討会をやってみよう......103

セッション6

小5社会「身のまわりの情報」................................113
ミニレクチャー⑥　検討会の深め方................................130

セッション7

小4国語「話し合い」................................137
ミニレクチャー⑦　模擬授業以外の授業づくりの勉強会.............155

セッション8

小4音楽「とんび」................................165
ミニレクチャー⑧　実際の授業の振り返りに応用するには...........181

付録セッション1

小5外国語「What sport do you like?」.......................191

付録セッション2

小2算数「長さをはかろう」................................201

ミニレクチャー特別編　学生や新人教師を育てる立場のみなさんへ..210

模擬授業の勉強会を振り返って5人から一言ずつ　216
あとがき　自分の頭で考える教師であるために　217
ポイント一覧　220
索引　222

本書の構成

セッション

「セッション」では、小学校教師を目指して勉強会を行っている5名の学生と、サポート役の「わたあめ先生」による架空の勉強会の様子を描きます。

「セッション」の冒頭では、まず模擬授業の課題が示されます。「〇〇について授業を行いなさい」といったものです。その後、下図のように、「試みる」「かえりみる」「深める」「広げる」の4つのステップで進行します。

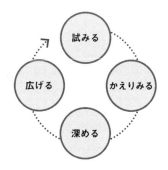

以下、それぞれのステップの中身と、登場人物および読者であるみなさんの立ち位置とを示しておきます。

試みる

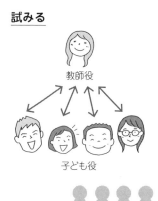

「試みる」では、5名の学生のうちの1名が教師役となって、課題に対して自分で考えて準備した授業を行います。ここで想定されている授業は、45分のものではなく、10〜20分程度の短いものです。他の4名は子ども役として授業に参加します。「わたあめ先生」と読者はそれを見守ることになります。

かえりみる

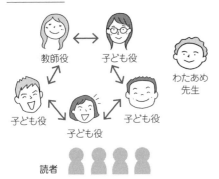

「かえりみる」では、今行った模擬授業に関して、学生たちがそれぞれの立場から感想を言い合います。教師役あるいは子ども役としてどんなふうに感じたり考えたりしたか、どんな疑問が湧いてくるか、述べ合います。ここでも「わたあめ先生」と読者はそれを見守っています。

深める

「深める」では、「わたあめ先生」が、模擬授業での出来事やその後の話し合いでの学生たちの発言をふまえて、振り返りを深めるための視点を、学生たちと読者に向けて語ります。「わたあめ先生」は、「これはこうすればよい」という答えを示すわけではありません。状況の整理を行い、一段深い見方ができるようになるための問いを発します。

広げる

「広げる」では、「わたあめ先生」の話を受けて、学生たちがあらためて、授業の改善案や発展方策について話し合います。そうした改善案を再度試してみることもあります。「わたあめ先生」と読者はそれを見守っています。

これら「試みる」「かえりみる」「深める」「広げる」の4つのステップを通して、授業のリフレクションが進みます。

クロージング

これらの後にセッションの「クロージング」があります。ここでは、「わたあめ先生」が、主に読者のほうを意識しながら、セッション全体をふまえてのコメントを行います。続けて、関連するワークの提示（「考えよう＆交流しよう」）、書籍の紹介（「ブックガイド」）も行います。

以上のような流れは、一種の公開ワークショップのようなものを想像してもらうと分かりやすいでしょう。

ミニレクチャー

「セッション」と「セッション」の間の「ミニレクチャー」では、リフレクションとは何か、それにどんな意義や必要性があるのか、また授業づくりを学ぶうえでそれをどう役立てていけばよいのかといった、本書の背景にある理論や具体的な方法を紹介します。「セッション」のようにそれぞれ単独でも読めますが、①〜⑧のひと続きで読むことで、順を追って理解することができます。

なぜ模擬授業なの？

　読者のみなさんのなかには、本書でとりあげるのがなぜ実際の授業ではなく模擬授業なのかと疑問に思う方がいらっしゃるかもしれません。模擬授業に対して、「やらされるもの」「自分の授業を品定めされるもの」といった、マイナスイメージをおもちの方もおられるでしょう。本書で扱うのは、そうではなく、自由な挑戦の場としての模擬授業です。「評価する－評価される」「指導する－指導される」といった上下の関係ではなく、仲間とともに並び立って授業について探究していく場としての模擬授業です。

　もちろん、実際の子どもたちとの取り組みからしか学べないことも多々ありますが、一方、模擬授業という形態がもつメリットもあります。例えば以下のようなものです。

・学習者の立場の経験とそれに基づいた対話により、学習者視点でのリフレクションを身に付けていきやすい。
・状況をシンプルにすることで授業づくりにおいて鍵になる要素を浮かびあがらせやすい。
・子どもがいなくてもメンバーが集まれば実施できる。失敗を恐れず大胆な挑戦ができる。

　本書では模擬授業のこうした特徴を活かして、授業づくりの学び方と考え方とを学んでいきます。読者のみなさんにも実際に、模擬授業を活用して授業づくりについて探究してもらえればと考えています（模擬授業と検討会の行い方は「ミニレクチャー」⑤、⑥でとりあげます）。

本書の活用法

ひとりで読む

「セッション」では、「試みる」「かえりみる」「深める」「広げる」の各ステップに入る前に、自分なりに考える時間をとって、読み進めてください。

試みる の前… 提示された課題に対して、自分ならどんなふうに授業を組み立てるだろうか。

かえりみる の前…「試みる」で描かれた模擬授業に、自分ならどんな感想をもち、どんなコメントをするだろうか。

深める の前…「かえりみる」の話し合いをふまえて、さらにどんな問いを発して掘り下げられそうか。

広げる の前…「深める」で得られた視点をどのように活用できそうか。

　自分なりの考えをもったうえで本書の記述と照らし合わせながら読むことで、より効果的に授業づくりの考え方のトレーニングをすることができます。本書で述べられる内容を「正解」としてではなく、一つの手がかりとして役立ててください。

学生や新人教師を育てる立場の方へ

　特に、「かえりみる」と「深める」の前で立ち止まって考えることを意識してください。自身の授業の経験が豊富であればあるほど、「こういうときはこうすればいいよ」とやり方を教えてあげたくなります。けれども、それは必ずしも本人のリフレクションを促すことにつながりません。「かえりみる」の前では、模擬授業で教師役や子ども役がそれぞれどんなことを感じただろうかと想像してみてください。「深める」の前では、「助言」ではなく、どんな「問い」を与えられそうか、考えてみてください。

仲間と読む

「試みる」「かえりみる」「広げる」について登場人物の役を割り振って、声に出して読み合わせをしてみましょう。「試みる」では授業が一挙に立体的に感じられるようになり、また、「かえりみる」「広げる」では登場人物がそれぞれの立場から感じたり考えたりしたことがよりいっそう肌身で感じられるようになるかと思います。

「ひとりで読む」の場合と同様、各ステップに入る前に立ち止まって考える時間をとってください。そして、それぞれの考えを出し合ってディスカッションを行いましょう。きっと、ひとりで読むときとは異なる発見があるはずです。次ページに、実際にグループで読み合わせを行った学生たちの感想を載せておきます。

役に分かれて「セッション」の読み合わせをして話し合う

自分だったら…

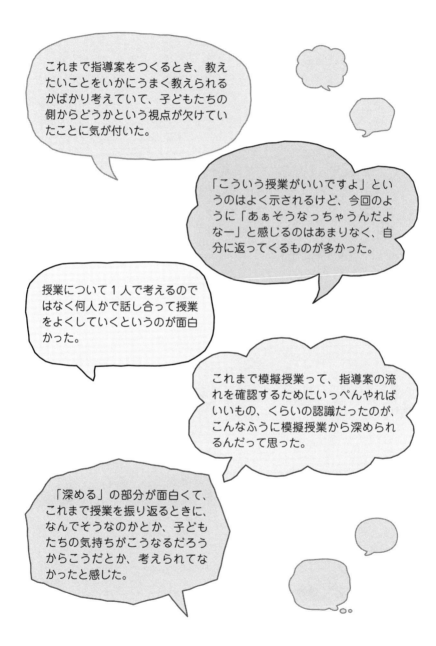

「セッション」の読み合わせを行った学生たちの感想より

登場人物の紹介

明（アキラ）
体を動かすのが好き。小学校に学習支援のボランティアに行っている。

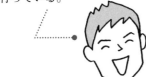

咲希（サキ）
小さな頃からピアノを習っている。空想するのが好き。

小学校の先生を目指す大学4年生。模擬授業勉強会のメンバー。

武史（タケシ）
食べるのが好き。
人の話をよく聞く。

梨恵子（リエコ）
冷静沈着なしっかり者。
好きな教科は算数。

由香（ユカ）
人と話すのが好き。
場を明るくすることができる。

わたあめ先生
5人が通う大学の先生。
模擬授業勉強会のアドバイザーを務める。

「セッション」の表記について

試みる

◎教師役
…漢字表記の名前＋先生

◎子ども役
…カタカナ表記の名前

◎丸文字フォント
…教師役や子ども役の行動

黒板に「6のだんの九九」と書いておく。
梨恵子先生：今日は6の段の九九の学習の続きをします
した、6の段の九九を一緒に唱えましょう。せーの。
梨恵子先生＆子どもたち：ろくいちがろく、ろくにじ
　じゅうはち、ろくしにじゅうし、……ろっくごじゅ
梨恵子先生：はい、よく覚えていますね。では今日は、
　を使って解く問題を一緒に考えてみましょう。
梨恵子先生：これは何でしょう。（黒板にＡのイラスト
アキラ：いちご！
ユカ：いちご食べたい！（笑）
梨恵子先生：残念ながらこのいちごは食べられません。
　何でしょう。（黒板にＢのイラストを貼る。）
サキ：お皿？

かえりみる　**広げる**

◎教師役を務めた学生
…漢字表記の名前＋（授業者）

◎子ども役を務めた学生
…漢字表記の名前

◎下線　＊「かえりみる」のみ
…その後の「深める」で
　触れる部分

由香：なんかすごいスムーズだった。
梨恵子（授業者）：ありがとう。
明：最初の6×3の問題づくり、いちごとおのイラス
　やすかった。
由香：イラストがあるとイメージが湧いてつくりやすい
武史：明と咲希はどんな問題つくってた？
咲希：私はこんなの。「いちごがおさらのうえに6つ
　らが3さらあります。いちごはなんこありますか」。

セッション 1 小3理科「物の重さ」

▶▶ **課題**

「物の重さ」の単元で、形が変わっても物の重さは変わらないことを理解させる授業をしなさい。

学習指導要領（2017年公示版）

□理科　第3学年「内容」より
(1) 物と重さ
　物の性質について、形や体積に着目して、重さを比較しながら調べる活動を通して、次の事項を身に付けることができるよう指導する。
　ア　次のことを理解するとともに、観察、実験などに関する技能を身に付けること。
　　(ア)　物は、形が変わっても重さは変わらないこと。

試みる

咲希先生

　　　咲希先生、黒板の前に立つ。教卓には台ばかりが載っている。
咲希先生：今日から新しい勉強をします。物の重さについての勉強です。
　　　（黒板に「物の重さ」と書く。）今日の「めあて」はこれです。
　　　　黒板に短冊を貼る。「めあて　物の形を変えると重さはどうなるかを調べよう。」

咲希先生：では、「めあて」をみんなで大きな声で読んでみましょう。
子どもたち：物の形を変えると重さはどうなるかを調べよう。
咲希先生：今日はこの「めあて」について学習します。ではまず、この「めあて」をノートに写してください。（子どもたち、ノートに写す。）
咲希先生：（子どもたちが写し終わったところを見計らって）物の形を変えると重さはどうなるのでしょう。誰か予想ができる人？
　　　　挙手する子おらず。子どもたち、少し戸惑いの様子。
咲希先生：それでは、アキラさん、どうですか。（近くに座っていたアキラ

を指名。）

アキラ：えーっと…、分かりません。

咲希先生：ではタケシさん、どうですか。

タケシ：……。

咲希先生：誰か分かる人いますか？

ユカ：（挙手して）はい！

咲希先生：ユカさん。

ユカ：重さは変わらないと思います。

咲希先生：重さは変わらないという予想が出ましたね。では、実験で確かめてみましょう。（黒板に「じっけん」と書き、次の表を書く。）

形	重さ

　　　　咲希先生、丸い粘土の塊を出してくる。

咲希先生：まずこの丸い形で重さを計ってみます。（教卓に置かれた台ばかりに丸い粘土の塊を載せる。）指している目盛りは…（目盛りをのぞき込みながら）450 g ですね。

　　　　表に「丸い」「450g」と書く。

形	重さ
丸い	450g

咲希先生：では次に、平べったい形にしてみましょう。（粘土を手でぎゅっとつぶし、平べったい形にする。）これは何 g でしょうか？（言いながら、粘土を台ばかりの上に載せる。）

（目盛りを見て）これも 450g ですね。では表に書きましょう。

表に「平べったい」「450g」と書く。

形	重さ
丸い	450g
平べったい	450g

咲希先生：はい、こんな結果になりましたね。ここからどんなことが分かりましたか。

リエコとユカが挙手。

咲希先生：リエコさん。

リエコ：どちらも450gだということが分かりました。

咲希先生：そうですね、どちらも450gでしたね。（「わかったこと」「リエコ　どちらも450g」と板書。）

では次、ユカさん。

ユカ：重さは変わらないということが分かりました。

咲希先生、「ユカ　重さは変わらない」と板書。

咲希先生：そうですね。では最後に、今日学んだことをまとめておきましょう。

咲希先生、「まとめ　物の形を変えても重さは変わらない。」と板書。

咲希先生：ではノートに黒板を写してください。（子どもたち、ノートを書く。）

咲希先生：みなさん、今日は頑張って勉強ができました。これで授業を終わります。

物の重さ

めあて　物の形を変えると重さはどうなるかを調べよう。

じっけん

形	重さ
丸い	450g
平べったい	450g

わかったこと

リエコ　どちらも 450g
ユカ　　重さは変わらない

まとめ

物の形を変えても
重さは変わらない。

かえりみる

咲希（授業者）：緊張したー。ずっと自分一人で授業進めてる感じになっちゃって、全然ダメだった…。

由香：なんかずっと先生がしゃべってるって感じだったねー。

梨恵子：子どもの発言もあったけど、一部の人と先生とのやりとりになっちゃって、置いてけぼり感…。

武史：実験も先生が一人でやってるし…。はかりの目盛が見えなかったから、本当に450gだったのかも分からなかった。（笑）

明：実験を子どもに手伝わせたり、グループでやらせてみたらどうなるかな？

咲希（授業者）：あー、子どもにやってもらうのかあ。

梨恵子：あと、「形を変えても」っていうとき、平べったいのしか実験してなかったけど、他の形だったらどうなのか気になった。

由香：細長い形とか？（梨恵子「うん」）

明：バラバラにするとか。

武史：どんな形にしてみるか子どもに尋ねてみるのもいいかもねえ。

咲希（授業者）：授業の最初に、「物の形を変えると重さはどうなるのでしょう」って発問したじゃない？　あのときに全然反応がなくて焦っちゃって、その後もずっと余裕ないままだった。

武史：あぁ、あの発問。ちょっと分かりにくかったような…。

梨恵子：でも尋ねてることははっきりしてたんじゃない？

武史：そうなんだけど、いきなりそんなこと聞かれても…ってなって。

由香：そうそう、唐突な感じがした。「形を変えると」っていきなり言われても、って。

武史：しかも発問の後考える時間ほとんどなかった…。

明：「分かりません」って答えたら、そのまま流されてちょっと悲しかった。

咲希（授業者）：ごめん。どうしたらいいか分からなかった。（笑）
梨恵子：でも今の授業ってさ、最初に「めあて」をちゃんと示してるし、はっきりした発問もしてるし、最後は「めあて」に沿った「まとめ」もしてるよねえ。
明：実物使って実演だってしてるしね。
梨恵子：なのになんでうまくいかないんだろう。

ここからどんなふうに深められるかなあ

深める

わたあめ先生: 咲希先生、苦労していました。振り返りの話し合いでも手厳しい感想が出ていましたね。さて、この授業と話し合いから、さらにどのように振り返りを深めることができるでしょうか。

① 発問の前にどんな素地をつくればよいのだろう

この授業では、話し合いの最後に梨恵子さんが指摘しているように、「めあて」は明示されていましたし、発問も明確でした。けれども、子ども役のほうは、「いきなりそんなこと聞かれても」（武史）、「唐突な感じ」（由香）というように、戸惑っていたようです。なぜそうなってしまうのでしょうか。

ここで、授業中に教師が発する問いかけの言葉、発問の働きについて考えてみましょう。

発問は、授業づくりの要であると言われることがあります。たしかに、発問は、子どもに考えさせたい内容を指示するものであり、何をどのような言葉で問いかけるかを吟味することは重要です。

けれども、ただ発問だけを考えればよいわけではありません。それが子ども自身にとって切実な問い、なんとかして解決したい問いになるためには、子どもの側に、発問を受け入れるための素地が必要です。つまり、発問は、無から有を生み出せるものではなく、子どものなかに浮かんでいる漠然とした疑問や違和感などに方向付けを与え、考えるべき内容を際立たせるものであると考えられます。

今回の授業では、咲希先生は「物の形を変えると重さはどうなるのでしょう」といきなり問いかけました。けれども、実際の学校現場では、これを聞く子どもたちは、さっきまで校庭のジャングルジムで遊んでいたり

お絵かき帳にアニメのキャラクターを描いたりしていたかもしれない子どもたちです。いきなり物の重さがどうこう言われても、しかも言葉だけで「物の形」やら「重さ」やら言われても、キョトンとしてしまうでしょう。ここでパッと答えられる子どもは、よほど頭の回転が速い子か、塾などですでにその内容を学んでいる子です。この進め方では、そうした子どもたちだけが活躍できる授業になってしまいます。

　では、そうならないよう、全員が発問によって頭を働かせられるようにするためには、どう素地をつくっておけばよいでしょうか。

② 予想や実験を通して子どものなかに育てたいものは何だろう

　この授業では、「物の形を変えても重さは変わらない」という内容の理解にたどり着くために、予想を立てたり実験を行ったりしていました。振り返りの話し合いでも、「実験を子どもに手伝わせたり、グループでやらせてみたらどうなるかな？」（明）と、実験に関する話が出ていました。実験を教師が行う（演示実験）か子どもが行うかの違いはあれ、このように予想を立てたり実験を行ったりというのは、理科の授業としてごく一般的な流れです。

　けれども、ここで立ち止まって考えてみましょう。そもそもなぜこうした予想や実験などの活動を行うのでしょう。単に内容を理解させたいだけならば、わざわざこうした活動を行わなくても、教師がこの事実について分かりやすく解説するだけでよいはずです。予想や実験といった活動を行う意味は何なのでしょう。

　それは、理科という教科を通して子どものなかに育てたいものと関係します。理科ではもちろん、自然界のさまざまな事物の性質や現象、法則などについて学んでいきます。けれども、理科において子どものなかに育てたいのは、そうした個々の性質・現象・法則の理解だけではありません。同時に、科学的な物の見方や探究の仕方についても育てることが求められます。つまり、単に「電気を通す物と通さない物がある」「植物は、種子の中の養分をもとにして発芽する」といった内容だけでなく、それらを学ぶことを通して、「問いに対して予想を立てる」「予想を確かめるための方

法を考える」といった科学的探究の構えについても学んでいくわけです（同様に、算数では個別の内容に加えて算数的な思考法を、社会科では社会科的な思考法を学ぶことになります。2017年公示版学習指導要領で強調されている、教科の「見方・考え方」に通じる部分です）。

　それでは、今回の咲希先生の授業はどうだったのでしょうか。

　形式的には、授業は、問い、予想、実験、結果の考察というステップを踏んで進んでいたように見えます。しかし、授業がそのようなステップで進むことと、個々の子どもの頭のなかに科学的探究のサイクルが生じていることとは別です。

　今回の授業では、「物の形を変えると重さはどうなるか」を確かめるためにはどうすればよいかに関して、子どもが頭を使う場面はありませんでした。丸い形を平べったい形にするという一例を教師から与えられただけです。振り返りの話し合いでは、「細長い形」（由香）や「バラバラ」（明）ではどうなるのかという意見が出ていました。予想の検証方法に関するアイデアです。まさにこうしたアイデアが授業のなかで出てくるような授業の組み立てが必要でしょう。

　なお、現象や性質の理解と科学的探究の方法の習得というのは、本来、車の両輪のようになっています。振り返りで、「他の形だったらどうなのか気になった」（梨恵子）という感想が出ていました。このように、そのやり方で本当に予想を確かめられるのか、子どもに疑問が残ったままであったら、当然、平べったい形にしても粘土の重さは変わらないという事実をいくら教師が示したとしても、「物の形を変えても重さは変わらない」という内容に子どもが心底納得することはないでしょう。

　ここで本当に怖いのは、やり方を疑問に感じているにもかかわらず、それを表明する機会もなく一方的に「まとめ」が与えられるという経験を子どもが繰り返しているうちに、「他の形だったら？」といった疑問すらもたなくなってしまうということです。理科の学習をするというのは「まとめ」を暗記することという意識になってしまうのです。

　では、どうすればそうした授業に陥ることを避けられるのでしょうか。どうすれば子どもに科学的探究のサイクルを経験させられるでしょうか。

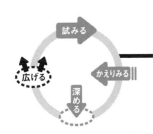

広げる

> ① **発問の前にどんな素地をつくればよいのだろう** を受けて

明：そっかー。「発問が大事」ってよく言われるから、どんな言葉を投げかけるかってことばかり考えてたけど、発問を実際にするところまでの流れというか、積み上げが大事なんだ。

由香：いきなり「物の形を変えると重さはどうなるか」だと、たしかに、「物」？「形を変える」？「重さ」？ってハテナだらけになっちゃうもんね。

咲希（授業者）：今持ってきてる粘土と台ばかりでも、工夫できるかな。ちょっとやってみよっか。

> 咲希先生：今日は粘土と台ばかりをもってきました。（教卓の上に台ばかりを置き、粘土を見せる。）前にもこの台ばかりを使って重さを計ったことがあったよね。（粘土からひとかたまりちぎり取って）今からこの粘土の重さを台ばかりで計ってみようと思うのですが、何gぐらいだと思いますか？ 当てずっぽうでよいから言ってごらん。
>
> 子どもたち：（口々に）300g！／500g！／2kg！
>
> 咲希先生：では調べてみますね。（粘土を台ばかりに載せる。）（目盛を読みながら）426gですね。
>
> 子どもたち：（口々に）近かった〜。／外れた〜。
>
> 咲希先生：さてここからが今日の問題です。粘土をよく見ていてくださいね。（粘土を叩いて薄い平べったい形に伸ばす。）粘土がこんなに平べったい形になりました。（平べったい粘土を手のひらの上に載せ、重さを計るような素振りをしながら）さて、この粘土、さっきと形が変わったけれど、重さは変わったんでしょうか。「重くなった」「軽

くなった」「変わらない」の3通り考えられますね。どれだと思い
ますか。予想をノートに書いてみましょう。

梨恵子：今のだとよく分かる！

武史：「重さ」とか「形を変える」とかのイメージを先にもてるもんね。

由香：うん、最初にやったのより自然に感じる。

明：今回は粘土を使ったけど、他に、子どもが自然に疑問をもつような導
　　入にするために使えそうな物って何かあるかな。

武史：あ、キャベツの千切りとか使えるんじゃない？

咲希（授業者）：キャベツの千切り??

武史：いや、昨日ちょうどお好み焼きつくるときキャベツの千切りしたん
　　だけど。（笑）千切りする前と千切りした後で重さは変わるのかって。

明：あー。

由香：じゃあこんなのどう？　先生がキャベツを子どもに見せて言うの。
　　「先生、お好み焼きつくろうと思って、レシピに書いてあった通りキャ
　　ベツ200g持ってきました」。台ばかりに載せて200gであることを確認
　　したあと、先生が見事な包丁さばきで千切りする。（笑）で、細切れに
　　なったキャベツを見せながら、「最初計ったとき200gだったけど、今
　　のこれでも本当に200gなのかな。先生心配になっちゃったんだけど、
　　みんなはどう思う？」って聞くの。

梨恵子：わ、それ面白い！

明：絶対子どもたち興味津々！

> ② **予想や実験を通して子どものなかに
> 育てたいものは何だろう** を受けて

梨恵子：予想や実験で何を育てるかってこと、あんまり意識してなかった
　　なー。

明：俺も同じ。科学的な物の見方や探究の仕方かあ。たしかにそれ、理科
　　で大事だもんね。

12

武史：でもどうやったら、子どもにそんなふうに頭を使わせられるかな。

咲希（授業者）：えっと、そしたら、さっきやり直してみたのの続きで…。「重くなった」「軽くなった」「変わらない」の3通りのなかから予想させて、それを実験で確かめて「変わらない」が正解であることを示した後、こんなふうに聞いてみたらどうかな。

> 咲希先生：粘土を丸い形から平べったい形に変えても重さは変わらなかったね。ではどんな形に変えても重さは変わらないのかな？
> 子どもたち：（口々に）変わらないと思う。／細かい粒々にしたら変わるかも。／分かんない。
> 咲希先生：どうやったら確かめられますか？

で、アイデアを黒板にまとめて、教師が実験してみせるか子どもたちにやらせてみるかして、「粘土はもう調べ尽くした、重さが変わらないのは当然」ってなったところで、さらにこう聞く。

> 咲希先生：粘土をどんな形に変えても、切り離してたくさんの小粒にして載せたりしても、重さは変わらなかったね。でも他の物でもそうなのかな？

明：あー、これだと納得できそう！

武史：ここであらためて子どもが迷うような例を出すのもいいかも。スーパーで売ってる、そのまま火にかけたらよいだけのうどんの容器（アルミホイル製の使い捨て鍋）ってあるじゃない？　あれを、鍋の形の状態から、小さくたたんで手のひらに入るような形にまで変えて、「同じ重さかな？」って尋ねるとか。

由香：面白い！　それはけっこう迷う子がいそう。

梨恵子：その後、子どもに、形を変えられそうなものを各自持ってこさせて、さまざまな形で重さを計るという活動に進んでもよいかも。

咲希（授業者）：なるほどねー。

13

| セッション① | クロージング |

　今回の咲希先生のような「いきなり」な発問は、新人教師や教育実習生のみなさんがとてもやってしまいがちな事態です。なぜそうなってしまうのでしょうか。

　教師は授業の準備をする際、多くの場合、「教科書のこの範囲で授業をしなきゃならないけれど、どんなふうにしよう」、「○○について教えないといけないけれど、どう授業を組み立てよう」などと発想します。そのとき、特に新人教師や教育実習生のみなさんは、授業の準備をすればするほど、そこで教えるべき内容が自分にとってあまりにも当たり前のことになって、子どもにとってそれが新しい内容であること、なぜそれを学習する必要があるのかもまだ理解していないかもしれないということを、忘れてしまいがちです。教師が自分の都合で授業を考えてしまうのです。そうやって、教師と子どもとの間に意識のギャップが生じます。その結果、子どもにとっては「いきなり」と感じられる発問になってしまうのです。

　授業づくりの上達というと、前に立って分かりやすく話をしたり、面白い教材を提示したりできるようになることをイメージするかもしれません。けれども、そうした目に見えるふるまいの根底にあるのは、教師が子どもの立場に立って授業を眺めること、つまり、子どもが授業中どんなふうに頭を働かせ、心を動かすかを教師が想像することです。その意味で、よき教師というのは、教師の視点と子どもの視点とを自在に行き来できる人といえるでしょう。

考えよう & 交流しよう

1. 小4理科「とじこめた空気と水」の単元の学習。「とじこめた空気にはどんな性質があるでしょう」という発問が「いきなり」なものにならないためには、その前にどんな素地が必要か、子どもが何を経験しておく必要があるか、考えてみよう。

2 自分が見聞きしてきた授業や本で紹介されている実践事例より、発問に注目して分析をしてみよう。どんな発問を教師は与えているだろうか。教師はどのようにして発問の前提となる素地を整えているだろうか。

3 算数で、「複雑なものを単純な形に直して考える」という考え方はさまざまな場面で出てくる。ちょうど理科で、「予想を立てて実験方法を考えて…」というのが教科全体を通して育てたい考え方であるのと同様、「複雑なものを単純な形に直して考える」というのも、算数の教科全体を通して育てたい考え方だろう。では具体的にどの単元のどの問題がそれに当てはまるものになりそうか、教科書から抜き出してみよう。

ブックガイド

板倉聖宣『未来の科学教育』仮説社、2010年
子どもたちにただ実験させるのではなく、その前の予想と討議の段階を重視した、理科の「仮説実験授業」という授業形式を解説した本です。仮説実験授業では、学習者の意表を突くような課題が特徴的です。

伏見陽児『教育学部教師の講義日記 ─小学校課程科目「教え方と子どもの理解」の実践』星の環会、2005年
教育心理学者である著者による大学での講義「教え方と子どもの理解」を、日記風に多数のイラストとともに描いたものです。理科の授業の事例が多くとりあげられ、子どもの理解の様子と指導法との関係が述べられています。

学生や新人教師を育てる立場のみなさん、咲希さんの授業に対して、思わず「○○するのはダメ」「ここは○○するのがよい」とすぐに「答え」を示そうとしてしまいませんでしたか？　本人たちのリフレクションを促すにはどのように彼らの考えを引き出したり問いを投げかけたりすればよいか、次のセッションではチャレンジしてみましょう。

ミニレクチャー ①	教師役と子ども役との対話

　本書の「セッション」では、「試みる」での模擬授業の事例の後、「かえりみる」と「広げる」で模擬授業に参加した学生同士の話し合いが行われるという構成をとっています。なかには、そんな面倒なことをせずに、模擬授業の事例の後、「わたあめ先生」がズバッと授業の改善策を示してくれればよいのに、と感じる方もいらっしゃるかもしれません。なぜこんな構成をとるのか。その理由は、模擬授業という活動がもつ可能性に関わりがあります。それについて述べておきましょう。

▶「授業力」チェックのための模擬授業 !?

　大学の教職関係の授業や教員研修の場などで、授業力向上を目的とした模擬授業の活動がしばしば行われています。そこでは、多くの場合、模擬授業は、授業者がどれだけ「上手に」授業ができるようになったかを実演してみせる場になっているようです。授業者が、準備してきた指導案をもとに、参加者を学習者に見立てて、授業を実際に行ってみせます。参加者（子ども役）は、授業評価チェックシートなどでその評価を行います。そして、大学の先生や先輩教師などが、授業者が準備した指導案やその実演のありよう（声の出し方、黒板とチョークの使い方など）について講評を行います。

　こうした活動にも意味はあるでしょう。実際、教員採用試験の模擬授業では、適切に授業を行えそうかのチェックのために模擬授業が課されたりしていますので、その対策という点でも学生のみなさんには必要でしょう。

　けれども、模擬授業という活動の可能性はそれにとどまりません。その可能性とは何か。それは、模擬授業とその検討会は、授業を試しに行ってみて、そこでの経験を教師役と学習者役とが対話することにより、双方に授業づくりに関する新たな気づきをもたらす場になるということです。

▶ 子ども役として授業を経験することの意義

　模擬授業の活動には、実際に子どもを対象に授業を行う場合とは異なる大きな特徴があります。それは、参加者自身が子ども役になって、授業を経験できるということです。

　これは一見、実際の子どもからの反応が得られないという点で、模擬授業のデメリットのように思えます。たしかに、実際の子どもを相手に授業をして生の反応を得て「子どもはこう考えるのか」「こう反応するのか」ということを知るのは、模擬授業ではなし得ない部分です。

　けれども一方で、自分たちが子ども役を務めるというのは、メリットにもなります。なぜなら、まず、授業を教師の側だけでなく学習者の側からも眺めるという経験をいやおうなく行うことになります。また、学習者の側から授業を経験してみて感じたり考えたりしたことを、授業後、直接授業者に伝えてやりとりを行うこともできます。これは、実際の子どもの場合は、一般的には困難です。そして、このように教師と学習者の両方の側から授業を経験すること、それに基づいて対話を行うことで、授業づくりに必要な考え方のトレーニングをすることができます。

▶ 新たな気づきをもたらす対話

　私がこれまで関わってきた学生の模擬授業＆検討会から例を出しましょう。

　小5社会、「これからの食料生産」に関する授業。教師役の学生は、授業の最後に、外国産の牛肉と国産の牛肉を比較して「どちらが環境によいと思いますか？」と問いかけました。そこまでの授業の流れからすると、「国産のほうが環境によいのだろう」と思わせるものでした。けれども、教師役の彼女が話したのは、「実は、国産のほうが環境に悪いんです」というもの。飼料の輸送が与える影響を考えると、国産のほうが環境への負荷が高いことを示す指数に基づくものでした。

　授業の最後にそれまでの展開をくつがえすような内容をもってきた授業者の意図は、「子どもの考えに『ゆさぶり』をかけることで、子どもが物事を多面的に捉えるようになってほしい」というものでした。一方、授業

後の振り返りの話し合いでは、子ども役からは、「納得感を得られないまま終わった」「最後の『ゆさぶり』は何のため？」といった声が出されました。けれども、このようにして教師側と子ども側との捉え方のズレが顕在化することで、「『ゆさぶり』とは何だろう」「どういう場合にそれは有効に機能するのだろう」といった、授業づくりに関する本質的な問いが浮かびあがることになりました。

　あるいは、音楽の創作を扱った模擬授業で、こうした例もあります。リズムを組み合わせてボディパーカッションで曲をつくる活動をグループごとに行い、最後にその発表を行いました。教師役の学生は、メトロノームを流し、子ども役はそれに合わせてボディパーカッションの練習や発表を行いました。しかし、メトロノームのリズムに合わせるのが困難で、発表時も、グループで打っているリズムとメトロノームのリズムとがずれる場面がありました。

　授業後の振り返りでは、子ども役より、「（メトロノームとの）テンポのズレが気になった」という声が出ました。それに対して授業者は少し考え、「自分が大事にしたかったのは、テンポ通りにリズムを打つということより、合わせるということを意識すること」だったと答えました。授業者は、こうした自分が大事にしたい価値を、授業前から明確に意識できていたわけではありません。模擬授業を行い、子ども役が感じたことのフィードバックを受けることで、授業で目指す価値が浮かびあがってきたのでした。

　この２つの例に共通するのは、模擬授業を行い、そこで教師役が感じたり考えたりしたことと子ども役が感じたり考えたりしたこととを交流することによって、双方に新たな気づきがもたらされているということです。社会科の例では、教師役も子ども役も自らの「ゆさぶり」イメージが問い直されることになりました。音楽科の例では、「互いのリズムをよく聴いて合わせることを意識する」という、教師役も子ども役も必ずしも明確に意識していなかった価値が浮かびあがることになりました。

18

▶気づきの意義

　こうした気づきは、自分の頭で考えて授業づくりを行えるようになっていくためには重要です。しかもこれは、授業の計画および実演スキルのチェックの場として模擬授業の活動を行っている場合にはもたらされにくいものです。例えば、音楽科の模擬授業で、授業後に大学教員や先輩教師から「メトロノームのリズムに合わせさせることができていなかったから、そのための練習を事前に入れておいたほうがよい」といったアドバイスを受けたとしても、教師役の学生にとって腑に落ちるものにはならなかったことでしょう。授業を経験した子ども役と対話して得られた気づきであるからこそ、自分にとって痛切なものになるのです。

　そのため、本書では、模擬授業の検討会における教師役と子ども役との対話を重視して、「かえりみる」と「広げる」で5名の学生の話し合いを掲載するという構成をとっています。セッション①の場合でも、「他の形だったらどうなのか気になった」とか「いきなりそんなこと聞かれても」といった学習者目線での率直な声が、その後の振り返りの進展のために大事な役割を果たしていました。

　読者のみなさんにも、子ども役として授業を経験したり、授業での経験をもとに教師役と子ども役とが対話して気づきを得たりするプロセスを追体験していただいて、授業づくりに関する、「正解」を誰かから教えてもらうのとは異なる学び方を知ってもらえたらと思います。

　なお、授業の計画、および実演スキルのチェックの場として模擬授業の活動を行う場合と、教師役と子ども役とがそれぞれの立場から授業を経験してそれをもとに対話を行って授業づくりについての気づきを得る場として行う場合とでは、教師役と子ども役との関係も異なります。前者では、授業づくりについて学ぶのは教師役で、他の参加者は教えてあげる側ということになるでしょう。後者では、教師役と子ども役は授業づくりについて共に学び合う仲間ということになります。本書でもこの後、5名の学生たちが、授業づくりについて共に学び合っていきます。読者のみなさんも、ぜひそこに「影の6人目」として加わってください。

　さて、教師役と子ども役との対話が重要なのであれば、なぜ本書には

「わたあめ先生」が話をする「深める」が入っているのでしょうか。次の
ミニレクチャーではそれを扱います。

セッション 2 小6社会「参勤交代」

▶▶ **課題**

江戸幕府の政治についての学習の一環として、参勤交代をとりあげる授業を行いなさい。

学習指導要領（2017年公示版）

□社会　第6学年「内容」より
(2) 我が国の歴史上の主な事象について、学習の問題を追究・解決する活動を通して、次の事項を身に付けることができるよう指導する。
　ア　次のような知識及び技能を身に付けること。その際、我が国の歴史上の主な事象を手掛かりに、大まかな歴史を理解するとともに、関連する先人の業績、優れた文化遺産を理解すること。
　　(キ) 江戸幕府の始まり、参勤交代や鎖国などの幕府の政策、身分制を手掛かりに、武士による政治が安定したことを理解すること。
　イ　次のような思考力、判断力、表現力等を身に付けること。
　　(ア) 世の中の様子、人物の働きや代表的な文化遺産などに着目して、我が国の歴史上の主な事象を捉え、我が国の歴史の展開を考えるとともに、歴史を学ぶ意味を考え、表現すること。

試みる

明先生

黒板に「江戸幕府の政治」と書いておく。

明先生：前回は、徳川家康が1603年に江戸幕府を開いたということを学習しました。今日は、その続きです。まず、これを見てください。

明先生、巻物状に丸めてあった参勤交代の図版（加賀藩大名行列図屏風）の拡大コピーをクルクル広げながら黒板に貼る。

（石川県立歴史博物館蔵）

タケシ：長っ。（笑）
明先生：この絵を見て、思ったこと、気づいたことを教えてください。
ユカ：人の行列。
タケシ：人がたくさんいる。
リエコ：同じものを持っている人がいる。
サキ：馬に乗ってる人もいる。
タケシ：武士っぽい。
ユカ：長い棒みたいなのを持ってる人がいる。
リエコ：箱みたいなのを持ってる人がいる。
サキ：みんな足を広げている。（タケシ「ほんとだ…」）
明先生：はい、これは、江戸に向かう加賀藩の大名とお付きの人たちの行列です。加賀ってどこか分かりますか？
サキ：富山？
ユカ：えっと、石川？
明先生：そうです、今の石川県です。そして、えーっと（図版右上の該当

部分を指しながら)、この白い馬に乗っているのが、加賀藩の大名、お殿様です。他にもたくさんお付きの人たちがいて、弓や鉄砲やら身のまわりのものやら、いろんな荷物を運んでいます。

石川県の金沢から江戸まではこういう道のりで行きました。

明先生、図の拡大コピーを黒板に貼る。

明先生：この道のりは、今北陸新幹線が走っているところとだいたい同じです。北陸新幹線なら約2時間半で金沢から東京まで行けるんだけど、江戸時代には、この行列が東京まで移動するのにどれくらいの日にちがかかったと思いますか？

サキ：1週間！

リエコ：1ヵ月？

タケシ：2週間？

江戸までの道のり

『小学社会　6上』教育出版
2014年、p. 65

明先生：(うなずいて) そう、2週間くらいかかりました。そうやって2週間かけて江戸に行って (掲示した拡大コピーの道のり部分をなぞりながら)、そこで1年間住んで、また2週間かけて金沢に戻って、金沢で1年間過ごして、そしてまた江戸に行って1年過ごして、というのを繰り返しました。こんなふうに1年おきに領地と江戸を行き来することを、参勤交代といいます。

明先生、「参勤交代」と板書。

ユカ：(つぶやき) 遠くの人大変…。

明先生：そう、領地と江戸を行き来するのは大変でした。加賀藩が1回の参勤交代の移動にかかった費用はいくらくらいだと思いますか？

タケシ：3000万円くらい？

ユカ：1億？

サキ：10億？

明先生：答えは、約5000両、1両が今のお金で10万円とすると、5億円
　　くらいと言われています。（子どもたち「へーっ」）すごい額ですね。藩
　　にとってもかなりの負担でした。

　　　それでは、こんなに大変だったのに、どうして江戸時代の大名は参勤
　　交代をしたのでしょう。理由を予想してください。では、ユカさんか
　　ら。

ユカ：えっと…。東京に行ってみたかったから。

リエコ：地元と江戸との友好関係を保つため。

サキ：江戸の文化を取り入れたかったから。

タケシ：商売に行くため。

明先生：まだありますか？

ユカ：幕府の仕事をしに行った？

リエコ：幕府からの命令だったから。

明先生：そうです。はい、実はね、武家諸法度というきまりがあって（板
　　書「武家諸法度」）、そのなかで、大名は参勤交代をしなければならない
　　と定められていました。武家諸法度は、江戸幕府の初代将軍徳川家康が
　　つくったものですが、3代将軍徳川家光がそれを改めて、参勤交代の制
　　度を整えました。

　　　あと、大名の妻や子どもは、江戸に住むことになっていました。だか
　　ら、大名が自分の妻や子どもと過ごせるのは、参勤交代で江戸に来てい
　　る間だけでした。

ユカ：へぇー。じゃあ、領地に戻ってるときは単身赴任みたいなもの…？
　　（笑）

明先生：そうですね。はい、今日は参勤交代について学んできました。次
　　はまた江戸時代についての続きを学習していきましょう。

江戸幕府の政治

参勤交代

武家諸法度

セッション 2 小6社会「参勤交代」

かえりみる

由香：参勤交代のことがよく分かった！

咲希：うん、分かりやすかった。

明（授業者）：ありがとう。

武史：あの大名行列の図版、インパクトあったよね。こんな長い行列だったんだって。長すぎ。(笑)

咲希：あの資料いいよね。

梨恵子：金沢から東京までの道のりのほうも、北陸新幹線と同じようなルートって説明、分かりやすかった。

咲希：そうそう。北陸新幹線で2時間半のところが江戸時代は2週間とか、かかったお金が今で言えば5億円とか。

由香：そう、今と重ね合わせたり比べたりしたら、イメージが湧きやすい。

明（授業者）：うん、それは意識してて、どう説明したら身近に感じられるかなって前もって考えてた。

咲希：あと、「こんなに大変だったのに、どうして江戸時代の大名は参勤交代をしたのでしょう」って発問も、それまでの部分で参勤交代の大変さが押さえられてたから、それほど唐突感なかった気がする。

武史：うんうん。

梨恵子：ただ、参勤交代のことはよく分かった…気がするんだけど、なんか参勤交代のことしか分からなかった、って気もする。

由香：え、どういうこと？ 参勤交代のことが分かればいいんじゃないの？

梨恵子：そうなんだけど…。ほら、今回の授業、「江戸幕府の政治」がテーマになってるじゃない。それとどうつながるのかな？っていう…。

武史：あー、たしかに、ちょっと物足りない感じはしたかな。

明（授業者）：というと？

武史：武家諸法度で参勤交代が定められていたってことは分かったんだけどね。なんで江戸幕府はそんなことを定めてたんだろう、とか。

咲希：ただ、そういうのまで全部扱っていったら、時間いくらあっても足りなくならない？

武史、梨恵子：うーん…。

由香：ちょっと話変わるんだけど、参勤交代の図版見せて気づいたこと出してもらうときとか、参勤交代の理由を尋ねるときとか、先生、すぐに当ててたじゃない？（明「うん」）セッション①の授業のときもそうだったけど、パッと当てられてもすぐに答えるのは難しい感じがした。

武史：あぁ、少し考える時間が欲しいっていう…。

明（授業者）：うん、自分も子ども役のときにはそう思うんだけど、先生側になるとついすぐ当てちゃうんだよね。間ができるのが怖いというか。

咲希：それ分かる。何もしてない時間が不安。

梨恵子：それと関係あるか分かんないけど、今回もやっぱり、なんかずっと先生のペースで進んでる感じがした。

明（授業者）：えっ、教師からの一方通行にならないように、途中でいくつか問いかけて、やりとりを入れてみたつもりだったんだけど…。

咲希：金沢から東京までかかる日数の予想とか面白かったよ。

梨恵子：うん、そうなんだけど。なんだろう…。発言の機会はあったんだけど、なんか当て物みたいな感じっていうか。

由香：あぁ、答えらしきものがあったもんね。

咲希：しかも、答えが出てきたときの先生の食い付きが速い。（笑）

武史：そうそう。

由香：とはいえ、教えないといけないこともあるしねえ…。

武史：そういえば、参勤交代の理由のところで、参勤交代が武家諸法度で定められていたってのは分かったけど、結局大名一行は江戸で何してたのかってのは気になった。商売はしてなかったのかな？

明（授業者）：うーん、分かんない…。

咲希：今回の授業は、興味深い資料もあったし、説明も分かりやすかったと思うんだけど、どこまで授業で扱えばいいのかとか、どうすれば子どもが自分で考えられるのかとか、考え出すと難しいよねえ…。

深める

わたあめ先生

明先生、参勤交代について自分なりに調べて、興味を引きそうな資料も準備して、授業に臨んだようですね。けれども、それだけでうまくいくとは限らないのが、授業の難しいところ。振り返りの話し合いでも、子ども役の側からいくつかのモヤモヤが浮かびあがってきていますね。ここからどのようにしてさらに振り返りを深めていくことができるでしょうか。

① 授業のねらいは何か

　関連する内容を扱い出すといくらでも広がるように感じられ、何をどこまで授業に入れたらよいか分からなくなる。社会科や理科で特に起こりがちな事態です。振り返りでの「そういうのまで全部扱っていったら、時間いくらあっても足りなくならない？」(咲希)という発言にそれが表れています。

　こうした場合に立ち返らなければならないのは、「この授業のねらいは何か」、つまり、「この授業で子どもたちに何を学ばせたり身に付けさせたりしたいのか」ということ。これは本来ならば当たり前のことですが、教科書に沿って「今回はこの範囲」「次回はこの範囲」というように授業を進めていっているときには、ついつい見失ってしまいがちなことです。もっとも、だからこそ振り返りのときに、「ねらいは何か」をあらためて意識して、それとの関連で内容を考えることが重要になります。

　今回の参勤交代の授業の場合、何がねらいとなりそうでしょうか。そのねらいのためには、何をどのようにとりあげる必要があるでしょうか。

② 知識は教師が説明して与えなければならないものか

　今回、明先生は授業のなかでおそらく間違ったことを言ってはいませ

ん。やりとりもまじえています。けれども、それだけでは必ずしも、学習者の側の頭を活性化できるわけではないようです。「ずっと先生のペースで進んでる感じ」（梨恵子）と子ども役からは受け止められています。

　なぜそのように感じられてしまうのでしょうか。

「発言の機会はあったんだけど、なんか当て物みたいな感じ」（梨恵子）、「答えらしきものがあった」（由香）というのがヒントになりそうです。今回の授業では、たしかに、参勤交代の移動にかかった日数や費用にせよ、参勤交代を行わなければならなかった理由にせよ、教師が問いかけて子どもに考えさせています。けれどもそれらはあくまでも、明先生が正しい答えを言う前の前置きの役割しか果たしていないようです。実際、授業中、参勤交代の理由として「商売に行くため」を出していた武史くんは、授業後も、「結局大名一行は江戸で何してたのかってのは気になった。商売はしてなかったのかな？」と気にしていました。

　教師が答えを握っていて、「正しい知識」はすべて教師から与えられる——これもまた、教育実習生や経験が浅い教師がやりがちな授業の構造。授業をするために調べる、自分自身いろいろと新しいことを知る、するとそれを自分がしゃべって子どもたちに与えたくなってしまう。一方的にしゃべり続けるのはまずいと思ってクイズ的なやりとりを入れるものの、教師が答えの判定者となっていて、教師が示したい答えをただ子どもに言わせているだけ。

　こうした授業を続けていると、子どもは、「答えは常に教師が与えてくれるもの」、「勉強とはそれを覚えていくこと」と考えるようになっていってしまいます。それが、みなさんが育てたい子どもたちの姿でしょうか。

　教師自身の側にあるであろう、「正しい知識」は教師が与えなければならない、という思い込み。この思い込みを変えていくならば、どんな学習の姿や授業が考えられるでしょうか。

広げる

① 授業のねらいは何か　を受けて

武史：えっと、今回の授業だと、何がねらいになるんだろう。

明（授業者）：江戸幕府の政治？

咲希：もうちょっと具体的に言うと？

明（授業者）：江戸幕府がどうやって大名たちを支配していたのか、みたいなことかな…。

由香：なんでそれが大事なんだっけ。

梨恵子：ほら、あれじゃない、江戸時代はその前の戦国時代と違って200年以上安定した世の中が続いたって言われてるから…。

武史：あ、だから、安定した世の中にするために、血気盛んな大名たちをどうやってうまく治めたのかってのがポイントになるのか。

明（授業者）：そうそう、それそれ。（笑）

梨恵子：…となると、参勤交代のとりあげ方も変わってくるかな。

咲希：どういうこと？

梨恵子：大名たちを従わせるための制度としてとりあげるなら、強調する面も変わってくるというか。

由香：そうそう、「大名の妻や子どもは、江戸に住むことになっていました」って話があったじゃない？　あれって、要は人質ってことだよね。大名の妻や子どもを領地から引き離して江戸に住まわせておくことで、「もしもおかしな気を起こして兵を挙げたりなんかしたら、妻や子どもの命はないぞ」って大名を脅すっていう。

武史：そっか。それだと江戸幕府による大名支配の話とうまくつながる。

明（授業者）：あぁ、じゃあ参勤交代の他の部分も、授業のねらいと照らし合わせることで、何をとりあげてどこに光を当てたらよいかとか、見えてくるかな。

30

咲希：うん。とりあえず、参勤交代のこと、もうちょっと調べてみよっか。
　　　5人、各社の社会科教科書・資料集やインターネットなどを使って、参勤交代について調べる。

梨恵子：参勤交代をちゃんと守らなくて、取りつぶしになった大名もいたみたい。
明（授業者）：へーっ！　そういう内容が入ってくると、参勤交代が大名支配の一環だったってのがはっきりするね。
武史：徳川幕府、けっこうシビアだ。（笑）
咲希：あと、江戸城の修理とか、大名たちにやらせてたんだ。これ、参勤交代で江戸に来てる間にってことだよね？
由香：うん。そうやって手伝わせることで、大名たちに富をたくわえさせないようにしたって。
明（授業者）：大名行列の費用の負担も大きかったから、それで大名たちの力をおさえられたんだって。
武史：そっか、大名行列って、大名たちに無駄遣いさせることで、戦をしてくるような力を付けさせないための制度だったんだ。
由香：そしたらさ、発問の仕方も変わってくるんじゃない？
武史：どういうこと？
由香：今回の授業では、「こんなに大変だったのに、どうして江戸時代の大名は参勤交代をしたのでしょう」って尋ねて、幕府からの命令だった、武家諸法度で定められていたってところに話が進んでいったよね。
武史：うん。

由香：だけど、考えさせたいのは、幕府がどうやって大名たちをうまくコントロールして治めていたのかってことだから、幕府からの命令で参勤交代をさせられていたってことは最初に示したうえで「どうして江戸幕府は大名に参勤交代をさせたのでしょう」って尋ねるほうが、ねらいに沿った展開になるんじゃない？

明（授業者）：そっかあ！　うん、そのほうが江戸幕府の支配の仕方の巧みさってねらいからぶれずに済む。

咲希：ただ、ちょっと気になることがあるんだけど…。

武史：ん？

咲希：こっちの教科書には、武家諸法度の内容を挙げてるところに、「大名は、毎年４月に参勤交代すること」に続けて、「近ごろは、参勤交代の人数が多すぎるので、少なくすること」って書いてある。

由香：うん。

咲希：それって、参勤交代が、大名たちにお金を使わせて力を弱めさせるための制度だったんなら、おかしくないかなあ。むしろ、もっと人数増やしてジャカジャカお金使いなさい、みたいになってもいいはずだし。

明（授業者）：ほんとだ…。

梨恵子：あ、それ、さっき見たサイトに書いてあったんだけど、最近の研究では、参勤交代って、必ずしも大名の経済力削減を目的としたものではなく、それは結果に過ぎないってされてるんだって。主な目的は、大名が江戸幕府にちゃんと仕えていますっていうことを示す儀礼ってところにあったって。

明、咲希、武史、由香：へえーっ！

梨恵子：参勤交代、制度化されたのは３代将軍家光のときだけど、その前からすでに自発的に行われてたらしいよ。

由香：そうだったんだ…。じゃあ、参勤交代の人数が、幕府が求めるのを超えて増えすぎてたのは…。

武史：大名同士見栄を張って、派手にしたかったから？

咲希：あ、結婚式を派手にする、みたいなのと同じ感覚？（笑）

明（授業者）：でもそうなってくると、これ、ますます授業でどう扱った

らいいんだろう。大名に金銭的な負担を強いて力を弱めるってのが必ず
しも幕府のねらいではなかったってなると…。教師はどう説明したらい
い？

武史：あ、それ、わたあめ先生からの２つめのポイントと関わってきそう。

② 知識は教師が説明して与えなければならないものか　を受けて

由香：教師がもってる答えを当てさせるような授業、たしかにやっちゃう。

咲希：うん、教師がちゃんと説明しなきゃって思っちゃう。

明（授業者）：教師の答えを待つんじゃなくて、子どもに自分で考えてほ
しいと思ってはいるんだけどねえ…。

梨恵子：でも実際、教師の側はすでに「正しい知識」を知ってしまってる
わけだから、どうしてもそれを与えたくなっちゃう。

武史：うん、でも、教科書に書いてあるような内容なら、最初から子ども
にそれを読ませればいいわけだから…。

由香：一つ思ったんだけど、例えば、子どもから何か疑問とかアイデアと
か出てきたときに、教師が答えるんじゃなくて、子どもにそれを調べさ
せたりしたらいいんじゃないかな。

咲希：ん？　どういうこと？

由香：ほら、今回も参勤交代の理由を考えてたときに、「江戸の文化を取
り入れたかったから」とか「商売に行くため」とかいくつか予想が出て
きてたじゃない。それが正しいかどうかを先生が答えるんじゃなくて、
教科書とか資料集とか使って子どもに調べさせる、というような。

明（授業者）：あぁ、それならやりやすそう！

咲希：でもそしたら、今回の、大名たちの経済力削減は参勤交代のねらい
だったのか結果だったのかっていうことみたいに、微妙なのはどうした
らいいんだろう。教科書とか資料集とか見ても、子どもがちゃんと正し
い知識にたどり着くか分からないし、そもそも何が正しい知識なのか、
教師の自分だって自信ない…。

武史：そうだよねえ。

梨恵子：そういう場合は、正しいかどうか自体をみんなで考えていけるような授業にできればいいんじゃない？　今回私たちがしたみたいに…。

由香：そっか、子どもたちも資料使って調べてたら、「お金を使わせて大名の力を弱めるのが参勤交代の目的だった」って発表する子もいれば、咲希みたいに、「参勤交代の人数が多すぎるので、少なくすること」って書いてあるのを見つけて反論してくる子もいるかもしれないから、そうやって、何が正しそうかをみんなで追究していけばいいんだ。

武史：おぉ、なんか本格的に歴史を学んでるって感じがする！

咲希：じゃあ教師の役割も変わってくることになるのか。「答えを与える人」から「探究をガイドする人」、みたいに。

明（授業者）：今回の授業をつくりかえるとすると、最初に、「安定した世の中にするために江戸幕府はどうやって大名たちを治めたんだろう」みたいな問いを投げかけておくのもいいかも。それで、参勤交代のことを紹介して、幕府がそれを定めていたことを資料などで押さえた後は、子どもたちに疑問を出してもらって、自分たちで調べてもらう。「どうして江戸幕府は参勤交代の制度を定めたのだろう」っていう疑問も絶対出てくるだろうし。

梨恵子：私たちがしたように、いろんな出版社の教科書とか資料集を教室に用意しておけば、子どももそれを使って調べられるしね。あんまり授業時間かけられないときなら、教師の側で、活用してほしい資料を抜粋してコピーして配るっていう手もあるし。

咲希：逆に、江戸時代の単元に時数がたくさんとれるのなら、「江戸時代はどうして200年以上安定した世の中が続いたんだろう」みたいな大きな問いを最初に示して、江戸幕府の支配の仕方とか、海外との関係とか、注目する点ごとにいくつかグループに分かれて、それぞれ探究活動進めていくような授業もやってみたい。調べるのも、図書館の本とかインターネットとかいろいろ活用して。

武史：面白そう！

セッション② クロージング

　子どもが意欲的に参加する授業にしたいと思って、教師があの手この手で子どもを引きつけるための工夫を行う。ある程度子どもはそれに「ノって」くれるけれども、どうも教師の側が引っ張り回している感が否めない。これでよいのだろうか…という疑問が湧くけれど、そこから抜け出すための方策が分からない。

　こうした手詰まり感、授業を行うことにある程度慣れてきたときに突き当たることが多い壁かもしれません。

　この背景にあると考えられるのが、教師の側の「手放せなさ」、つまり、答えを教師が握ってないといけない、答えに行き着くプロセスも教師がコントロールしないといけないという思い込み。これがあるため、いくら教師が工夫を凝らしたり活動を入れたりしても、苦い薬を砂糖でくるんで飲みやすくするのと同じようなことにしかならなくなってしまいます。

　この状態から次のステップへ進むためには、授業観そのものの転換が必要です。心理学者の佐伯胖氏は、授業における教師と子どもの位置関係について、次の2つのモデルを提示しています。

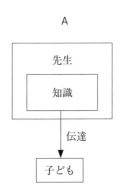
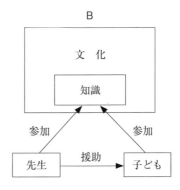

佐伯胖『「わかる」ということの意味［新版］』
岩波書店、1995年、pp. 111–112

Aは、教師が知識をもっていて、それを子どもに伝達すると捉えるモデル。教師と子どもは「上下」の関係となります。Bは、教師も子どもも共に文化的活動に参加していくと捉えたうえで、教師は子どものその参加を援助する存在と捉えるモデル。こちらは「三角形」の関係となります。

今回の明先生の模擬授業は、Aの「上下」のモデルに立ったものとみなすことができるでしょう。一方、最後の話し合いで出ていた「正しいかどうか自体をみんなで考えていけるような授業」（梨恵子）というのはBの「三角形」のモデルとみなせます。教師が「『答えを与える人』から『探究をガイドする人』」（咲希）になるというのは、まさにそうした教師の役割の転換を表しています。

もちろん、これは、「教師はいつ何時でも教えてはならない」ということを意味するものではありません。例えば今回の授業でも、江戸幕府が参勤交代を課していた理由に関する子どもたちの探究をサポートしたうえで、教師が「今の研究では……とされています」と紹介したりすることは有効でしょう。いずれにせよ、教師が子どもを「文化」そのもの、今回の場合であれば、歴史や歴史学の世界そのものに出会わせていくことが鍵となるでしょう。

考えよう & 交流しよう

1　小4社会「わたしたちのくらしとごみ」の単元。家から出るごみを調べたり、ごみ集積所を観察して収集の様子を調べたり、ごみのゆくえを調べて清掃工場に見学に行ったりなど、学習を進めてきた。単元の最終回、「ごみのゆくえマップをつくろう」の授業で、先生が次のようにまとめている。

> 教師：みなさんが出したごみがその後どのようになるのか、よく分かりましたね。ごみを出すときにルールを守らないと、収集の人も工場の人も困ってしまいます。みなさんも、ごみを出すときには、市のごみ収集のルールをきちんと守って捨てるようにしましょう。

どうやらこの先生のなかでは、一連の学習のねらいがもっぱらごみを出すときのルールを守れるようになることに置かれているようである。社会科で「わたしたちのくらしとごみ」について学ぶことのねらいは果たしてそれだけだろうか。他にどんなねらいが考えられるだろうか。考えてみよう。

2　小4理科「物のあたたまり方」の単元での授業。下の板書に出ているように学習を進めてきて、水と紅茶の葉が入ったビーカーをバーナーで熱する実験を行っていた。

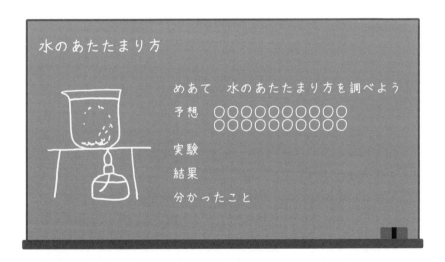

実験後、以下のようなやりとりになった。

　教師：はい、実験の結果はどうなりましたか？
　A：紅茶の葉がぐるぐるまわりました。（教師、「結果」のところに「こうちゃの葉がぐるぐるまわった」と書く。）
　教師：この結果からどんなことが分かりましたか。
　B：水を温めると紅茶の葉がぐるぐるまわることが分かりました。
　　（教師、「分かったこと」のところに「水をあたためると、こうちゃの葉

がぐるぐるまわる」と書く。）

教師：そうですね。水を温めると紅茶の葉がぐるぐるまわることが
分かりましたね。みなさん、よく実験ができました。これで授業
を終わります。

　ここで生じている問題は何だろう。そうならないようにするにはどう
する必要があるだろう。

3　小4国語、初めて短歌について扱う授業の冒頭。

教師：はい、今日は短歌について勉強しますね。（黒板に、「短歌につ
いて学ぼう」と書く。）みんな、「短歌」って分かるかな？　3年生
のときに俳句について勉強したよね。俳句は、五・七・五、つま
り、5音・7音・5音のリズムでできていました。（黒板に「俳句
五・七・五」と書く。）短歌は、これが、五・七・五・七・七になり
ます。（黒板に「短歌　五・七・五・七・七」と書く。）俳句より長い
ですね。けれども、俳句のときもそうでしたが、この5音とか7
音とかはリズムがよいので、口に出してみると心地よく感じられ
ます。みんな、百人一首って知ってるかな？　お正月に遊んだり
するよね。かるたっぽいやつです。「ひ〜さ〜か〜た〜の〜」とい
うふうに読むの聞いたことある人もいるんじゃないかな。この百
人一首も短歌です。百人一首っていうのは、百人の代表的な短歌
を一首ずつ集めたもので、全部で百首あるんですよ。あ、首って
いうのが、短歌を数えるときの数え方です。短歌は、俳句と同じ
ように、自然の風景や人の気持ちを表したりしています（黒板に
「自然の風景　人の気持ち」と書く。）今から1300年以上も前からつ
くられていて、人々に親しまれてきました。では、どんな短歌が
あるか、これから見ていくことにしましょう。

　先生がずいぶんしゃべってしまっている。教師が説明して与えなくて

38

も子どもに自分たちで気づかせたり感じさせたりすればよい内容や、最初の段階では説明しなくてもいいような内容もあるようである。どんな始め方ができそうか考えてみよう。

ブックガイド

有田和正『ネタ開発のノウハウを身につけよ』明治図書出版、2003年

　著名な小学校社会科教師で、子どもを引きつけ追究へとかきたてるような教材（「ネタ」）を生み出してきた著者が、そのノウハウについて述べた本。同じ著者による『教材開発に必要な基礎技術』（明治図書出版、2003年）も参考になります。

石井英真『今求められる学力と学びとは　―コンピテンシー・ベースのカリキュラムの光と影』日本標準、2015年

　教師が分かりやすくかみ砕いて子どもに内容を授けるのではなく子ども自身が教科の本質的な楽しさに触れながら内容を追求していくような学びを「『教科する』授業」と呼んで、その位置づけや具体像、評価の考え方などについて解説しています。

ダグラス・フィッシャー、ナンシー・フレイ著、吉田新一郎訳『「学びの責任」は誰にあるのか　―「責任の移行モデル」で授業が変わる』新評論、2017年

　教師が始終学習者を引っ張り回すのでも、すべてを学習者に委ねて放ったらかしにしてしまうのでもなく、段階的な「責任の移行」を可能にするためのモデルについて述べた本。「焦点を絞った指導」「教師がガイドする指導」「協働学習」「個別学習」の4つのステップに関して、そこで何が必要で教師がどんな役割を果たすべきかが明確に述べられています。

| ミニレクチャー② | 振り返りを深めるということ |

　ミニレクチャー①では、模擬授業後に教師役と子ども役とで対話を行うことの意味、本書に「かえりみる」「広げる」が設けられていることの意味を扱いました。それでは、「わたあめ先生」から問いが発せられる「深める」にはどんな意味があるのでしょうか。そもそもなぜ授業後の振り返りの話し合いが「かえりみる」「深める」「広げる」というように数段階に分かれているのでしょうか。これは、リフレクションの働きに関わってきます。

▶ 検討会で陥りがちな問題

　授業の実施後にそれを振り返る検討会を行って、今後につながる何かを得ようとする。これは、模擬授業の場合はもちろん、実際の授業の場合にも広く行われている取り組みです。校内の研究授業でも公開研究発表会での提案授業でも、授業後に「検討会」や「協議会」の場が設けられていることが一般的です。

　けれども、そうした場での話し合いは、必ずしも実りのあるものになっているとは限らないようです。

　例えば、「先生がしっかり準備していてすごい」「子どもが熱心に取り組んでいてよかった」というように、一般的なほめ言葉に終始してしまうもの。あるいは、「この教材はこのように教えるべき」「これの教え方はこうしないと」というように参加者がもともともっている授業観や教材観に基づいた主張をし合うだけのもの。これらは、その授業でなくても、あるいはその授業を見ていなくても言えるような内容であり、そうなるとわざわざ授業実践を共有して話し合うことの意味がありません。

　模擬授業の検討に関してもこうした傾向は当てはまります。さらに模擬授業の場合には、あらかじめ設定してある観点（「声の大きさ」、「指示の分かりやすさ」、「視聴覚教材の効果的な活用」など）に従って採点されるだけであったり、「チョークの色の使い方がうんぬん」といった表面的

な事柄ばかりが話されてしまったりすることもしばしばです(そうした部分にも目を配ること自体の必要性は否定しませんが)。

　では実際の授業であれ模擬授業であれ、その授業実践からより多くを引き出すような振り返りをするには、どうすればよいのでしょうか。

▶ コルトハーヘン氏の ALACT モデル

　オランダの教師教育学者 F. コルトハーヘン氏が示した「ALACT(アラクト)モデル」というものが参考になります。

　「ALACT モデル」では、リフレクションによる学びのサイクルを 5 つの局面に分けて捉えます。

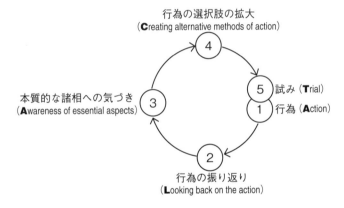

フレット・コルトハーヘン編著、武田信子監訳『教師教育学 ―理論と実践をつなぐリアリスティック・アプローチ』学文社、2010 年、p.54

　1 つめは、「行為」。実際の子どもや子ども役を対象に授業を行う段階に当たります。

　2 つめは、「行為の振り返り」。その授業で何が起こったか、教師が何を行ったり何を考えたりしたか、子どもや子ども役が何を行ったり何を考えたりしたかを振り返る段階です。

　3 つめは、「本質的な諸相への気づき」。振り返って見えてきた出来事を意味付けたり理論と照らし合わせたりして、そこで生じている問題をより大きな視点から捉える段階です。

4つめは、「行為の選択肢の拡大」。前段階における洞察をもとにして、どんなやり方の選択肢があるか、さまざまな可能性を考える段階です。

　5つめは、「試み」。前段階で得られた選択肢の一つを実際に行ってみる段階です。これはまた新たなサイクルの出発点として（つまり1つめの「行為」の局面として）リフレクションを通しての学びが進んでいくことになります。

　このモデルのポイントとして2つ挙げられます。

　1つは、第2局面「行為の振り返り」の存在です。授業が行われたにもかかわらず、そこでの出来事に言及されないまま一般的なほめ言葉や持論の開陳に終始するような検討会は、この要素を欠いていることになります。授業で何が起こっていたか、そこで教師や子どもが何を感じたり考えたりしていたかの交流・共有が行われていないわけです。それではリフレクションを通しての学びの深まりは生まれません。

　もう1つは、第3局面「本質的な諸相への気づき」の存在です。実際の授業および模擬授業の検討会のなかには、授業における出来事を出し合った後、すぐに「次はどうすればよいか」という「改善策」の提案へと進むものがあります。たしかに、今後の実践に活かすという点では、具体的な方策の議論は必要です。けれども、その出来事がどういう問題の現れとして捉えられるのかをめぐる議論を欠いたまま「改善策」を出し合っても、その「改善策」は、その特定の教材なり場面なりでしか通用しない付け焼き刃的なものにしかならないでしょうし、そもそも授業者や他の参加者にとって腑に落ちるものにもならないでしょう。ちょうど、ミニレクチャー①で紹介した音楽科のリズム創作の模擬授業で、「グループで打つリズムがメトロノームとずれていた」という事実から、その活動において目指すべき価値についての議論などをすっ飛ばして、「メトロノームに合わせてリズムが打てるように、最初にそのための練習を入れればよい」といった「改善策」を助言してしまうようなものです。

▶ 本書のステップとの対応
　本書で「深める」段階を設けているのは、この「本質的な諸相への気づ

き」の局面を意識してのものです。「深める」段階で、「わたあめ先生」は、「こうすればよい」という「答え」を示しているわけではありません。その前の「かえりみる」段階で教師役および子ども役がそれぞれの立場から語った内容をもとに、何が問題になっているかを整理し、それについてより大きな視点から眺められるようにするための「問い」を発しています。

なお、すでにお気づきかと思いますが、本書の「試みる」は ALACT モデルの「行為」、「かえりみる」は「行為の振り返り」、「深める」は「本質的な諸相への気づき」、「広げる」は「行為の選択肢の拡大」（および部分的には「試み」）とおおよそ重なっています。

ただし、もとの ALACT モデル自体がそうですが、こうした段階は本来明確に分けられるものとも、必ず順番通りにたどるものとも限りません。そのため、本書の「試みる」「かえりみる」「深める」「広げる」の段階が必ずしも ALACT モデルに完全に対応しているわけではありません。

また、本書では、「深める」の部分を、「わたあめ先生」が一人でしゃべる形式で書いています。けれども実際の模擬授業の検討会では、この部分が一方的な話であることはなく、参加者との対話によって進むものでしょう（本書でそうした形をとらなかったのは、もっぱら体裁上の理由、つまり書籍としての読みやすさを優先したためです）。そもそも、「深める」ための問いを発する役割を担うのが、大学教員や先輩教師に限る必要もありません。自分たちで模擬授業の勉強会を運営していくのであれば、こうした役割を担えそうな大学教員や先輩教師の協力を得ながらも、自分たちでもこうした問いを発することができるようになることをぜひ目指してください。

一方、学生や新人教師の模擬授業や実際の授業の指導に当たられる先生方へ。未熟な授業を見た場合、ついつい、「あそこはああすればよい」といった「改善策」の指摘をしたくなるもの。けれども、そうした具体的な方策の提示が大事になってくるのは、ALACT モデルでは「行為の選択肢の拡大」の局面。その前に、授業者や参加者（模擬授業の子ども役や実際の授業であれば参観者）による授業における出来事の振り返りや、それを

ミニレクチャー **2** 振り返りを深めるということ

43

ふまえた洞察が行われていなければ、「改善策」の指摘は有効に働きません。授業者や参加者が自分たちで授業の出来事を振り返ることができるようにするにはどうすればよいか、また、そこでの議論を一段深めるためにはどんな問いを発すればよいか、考えてみてください。

　さて、ミニレクチャー①では、模擬授業の活動の強みとして、子ども役として授業を経験できること、子ども役からの直接的なフィードバックを得られることを挙げていました。けれども、そもそも子ども役になるなどできるのでしょうか、子ども役になるというのはどういうことなのでしょうか。次のミニレクチャーではその問題を扱います。

セッション 3 小2算数「かけ算の問題づくり」

▶▶ 課題

かけ算の単元で6の段の九九まで学習を行ってきたという想定のもと、6の段の九九を使って解く問題を子どもに考えさせる授業を行いなさい。

1のだん	2のだん	3のだん	4のだん	5のだん	6のだん	7のだん	8のだん	9のだん
1×1=1	2×1=2	3×1=3	4×1=4	5×1=5	6×1=6	7×1=7	8×1=8	9×1=9
1×2=2	2×2=4	3×2=6	4×2=8	5×2=10	6×2=12	7×2=14	8×2=16	9×2=18
1×3=3	2×3=6	3×3=9	4×3=12	5×3=15	6×3=18	7×3=21	8×3=24	9×3=27
1×4=4	2×4=8	3×4=12	4×4=16	5×4=20	6×4=24	7×4=28	8×4=32	9×4=36
1×5=5	2×5=10	3×5=15	4×5=20	5×5=25	6×5=30	7×5=35	8×5=40	9×5=45
1×6=6	2×6=12	3×6=18	4×6=24	5×6=30	6×6=36	7×6=42	8×6=48	9×6=54
1×7=7	2×7=14	3×7=21	4×7=28	5×7=35	6×7=42	7×7=49	8×7=56	9×7=63
1×8=8	2×8=16	3×8=24	4×8=32	5×8=40	6×8=48	7×8=56	8×8=64	9×8=72
1×9=9	2×9=18	3×9=27	4×9=36	5×9=45	6×9=54	7×9=63	8×9=72	9×9=81

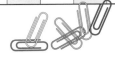
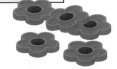

学習指導要領（2017年公示版）

□算数　第2学年「内容」「A 数と計算」より
(3) 乗法に関わる数学的活動を通して、次の事項を身に付けることができるよう指導する。
　ア　次のような知識及び技能を身に付けること。
　　(ア) 乗法の意味について理解し、それが用いられる場合について知ること。
　　(イ) 乗法が用いられる場面を式に表したり、式を読み取ったりすること。
　　(ウ) 乗法に関して成り立つ簡単な性質について理解すること。
　　(エ) 乗法九九について知り、1位数と1位数との乗法の計算が確実にできること。
　　(オ) 簡単な場合について、2位数と1位数との乗法の計算の仕方を知ること。
　イ　次のような思考力、判断力、表現力等を身に付けること。
　　(ア) 数量の関係に着目し、計算の意味や計算の仕方を考えたり計算に関して成り立つ性質を見いだしたりするとともに、その性質を活用して、計算を工夫したり計算の確かめをしたりすること。
　　(イ) 数量の関係に着目し、計算を日常生活に生かすこと。

試みる

梨恵子先生

梨恵子先生、黒板に「6のだんの九九」と書いておく。

梨恵子先生：今日は6の段の九九の学習の続きをします。まず、前回学習した、6の段の九九を一緒に唱えましょう。せーの。

梨恵子先生、子どもたち：ろくいちがろく、ろくにじゅうに、ろくさんじゅうはち、ろくしにじゅうし、……ろっくごじゅうし。

梨恵子先生：はい、よく覚えていますね。では今日は、この6の段の九九を使って解く問題を一緒に考えてみましょう。

梨恵子先生：これは何でしょう。（黒板にAのイラストを貼る。）

アキラ：いちご！

ユカ：いちご食べたい！（笑）

梨恵子先生：残念ながらこのいちごは食べられません。（笑）ではこれは何でしょう。（黒板にBのイラストを貼る。）

サキ：お皿？

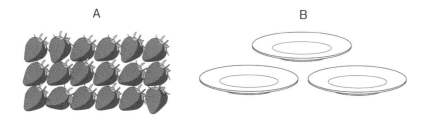

梨恵子先生：そうですね。いちごとお皿です。それでは、この「いちご」と「さら」という言葉を使って、式が6×3になる問題を考えることにします。

　　梨恵子先生、板書する。「『いちご』と『さら』ということばをつかって、しきが6×3になるもんだいをつくろう。」 子どもたち、ノートに写す。

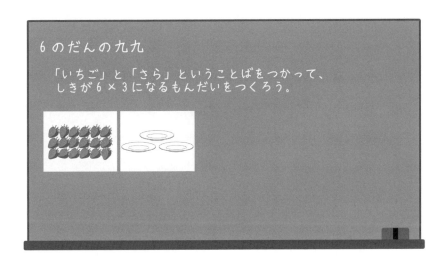

梨恵子先生：まず復習です。みなさん、「何かける何」というときの「かけられる数」「かける数」というのをやりましたね。(「6×3」と板書する。)では6×3だと、どちらが「かけられる数」でどちらが「かける数」になりますか。アキラくん。

アキラ：えっと…。6が「かけられる数」で3が「かける数」です。

梨恵子先生：他には？（見回す。反応なし。）はい、6が「かけられる数」で（黒板の「6」の下に「かけられる数」のマグネットを貼る）、3が「かける数」ですね（「3」の下に「かける数」のマグネットを貼る）。

$$6 \times 3$$

| かけられる数 | かける数 |

梨恵子先生：では、この6×3の式を使って解く問題を考えてみましょう。ノートに絵を描きながら考えてもいいですよ。

　　　　　子どもたち、各自で考える。

梨恵子先生：黒板に問題を書いてくれる人、いますか？（タケシとユカが挙手。前に出て書く。）

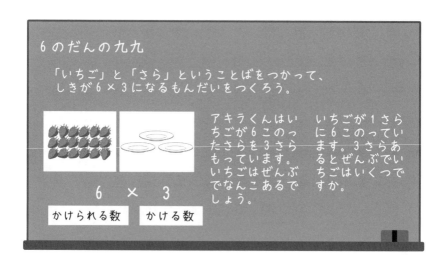

梨恵子先生：それでは発表してもらいましょう。タケシくんから。

タケシ：（黒板に書いたものを読みあげて）「アキラくんはいちごが6このったさらを3さらもっています。いちごはぜんぶでなんこあるでしょう」。

梨恵子先生：ではユカさんもどうぞ。

ユカ：タケシくんと似てるんだけど…。「いちごが1さらに6このっています。3さらあるとぜんぶでいちごはいくつですか」。

梨恵子先生：他のみなさんもだいたいこの2つと同じになりましたか。なった人、手を挙げてください。（アキラとサキも挙手。）

梨恵子先生：はい、みなさんよくできていますね。どちらの問題も、6×3の式で求めることができますね。ちなみに、答えはいくつになりますか。サキさん。

サキ：えっと、18こです。

梨恵子先生：いいですか？

子どもたち：いいです。

梨恵子先生：はい、「ろくさんじゅうはち」で「18こ」が答えですね。さて、今は先生が「いちご」と「さら」を用意しました。次はみなさんで自由に問題を考えてみませんか。

ユカ：何でもいいの？

梨恵子先生：何でもいいです。自分で考えてみてください。次は、6×7
　　で考えてみましょう。（板書する。「しきが6×7になるもんだいをつくろ
　　う。」）ではどうぞ。

　　　子どもたち、各自で考える。

梨恵子先生：そろそろいいですか？　書けた人？（タケシ、ユカ、アキラ
　　が挙手。）ではアキラくん。

アキラ：「1 はこに6つぶ入ったアイスのはこが7はこあります。アイス
　　がすきなタケシくんはぜんぶ食べてしまいました。ぜんぶで何つぶ食べ
　　たのでしょう」。

ユカ：タケシ、食べ過ぎ。（笑）

タケシ：腹壊すわ。（笑）

梨恵子先生：ユカさん。

ユカ：「6人のバレーボールのチームが7チームあります。ぜんぶで何人
　　いるでしょう」。

梨恵子先生：よく考えられましたね。それでは今日の授業を終わります。

かえりみる

由香：なんかすごいスムーズだった。

梨恵子（授業者）：ありがとう。

明：最初の6×3の問題づくり、いちごとお皿のイラストもあったし、考えやすかった。

由香：イラストがあるとイメージが湧いてつくりやすいね。

武史：明と咲希はどんな問題つくってた？

咲希：私はこんなの。「いちごがおさらのうえに6つあります。そのおさらが3さらあります。いちごはなんこありますか」。

明：俺はこれ。「いちごをおさらに6つずつのせます。3さらだといちごはなんこになりますか」。

由香：みんな本当に似てたんだ。これって、梨恵子としてはみんな同じような問題つくるってことでよかったの？　私、なんか最初いろんな問題考えなきゃいけないのかなって思っちゃった。

梨恵子（授業者）：ううん、ここではみんな、いちごがお皿に載ってる問題をつくれればいいかなと思ってて。次の6×7の問題のときにいろんな発想出てきたらいいかなって考えてた。

由香：そっかあ。

明：6×7の問題づくりのほうはけっこう悩んだ。

武史：問題づくりって頭使うなあ。

明：武史はどんな問題つくった？

武史：普通の問題だけど…。「1つ6円のクリップを7つ買います。ぜんぶでいくらになるでしょう」。

明：「6円のクリップ」ときたか。（笑）

咲希：私は思い付かなかった。6×7でぴったりくるのあるかなあと考え出すと、悩んじゃって…。

梨恵子（授業者）：現実味がないのだって、かけ算の考え方に合ってれば

50

いいはずなんだけど…。

明：「6円のケーキを7つ買いました」とか？

咲希：「6円のケーキ」って…。安すぎ。（笑）

由香：何かのイベントで限定セールとかだったら、あり得ない話ではないとは思うけど。（笑）でも、実際にありそうな例を考えようとするっていうのも、算数を実生活で活かしていくことをねらうなら、大事なのかも。

明：まあ、一方で、現実味がないのも同じように計算できるっていうのも数式のすごいところなんだろうけど…。

咲希：今回、問題づくりする前に、「かけられる数」と「かける数」の確認したじゃない。あれって何のためだったの？

梨恵子（授業者）：うーん、教科書でも言葉として出てきてるから、押さえとこうと思ったんだけど。その後特に使わなかったねえ…。

由香：特にそれを意識しなくても問題づくりはできちゃった。

武史：うん、今回の授業、たしかにすごくスムーズでサクサク進んだんだけど、本当にこれでいいのかなって気もする。すっと流れていっちゃったというか…。

咲希：うん、問題づくり、たしかに頭使ったんだけど、かけ算の学習にちゃんとつながったのかなあ。

明：スムーズなのはそれに越したことはない気もするんだけど…。どうやって深めたらいいんだろう。

ここからどんなふうに深められるかなあ

深める

わたあめ先生

梨恵子先生の授業、スムーズに進んだ一方で、スムーズすぎて本当にこれでよいのだろうかという疑問の声もあがっています。さて、この授業と話し合いから、さらにどのように振り返りを深めることができるでしょうか。

① 子どもはどんな「間違い」をするだろうか

6×3の問題づくりで、4人がつくった問題をもう一度見てみましょう。

> アキラくんはいちごが6このったさらを3さらもっています。いちごはぜんぶでなんこあるでしょう。

> いちごが1さらに6このっています。3さらあるとぜんぶでいちごはいくつですか。

> いちごがおさらのうえに6つあります。そのおさらが3さらあります。いちごはなんこありますか。

> いちごをおさらに6つずつのせます。3さらだといちごはなんこになりますか。

振り返りでも「みんな本当に似てた」(由香) という声があがっていましたが、これらには、状況の類似 (1皿にいちごが6つずつ) にとどまらない共通点があります。それは何でしょうか。

それは、表現の違いはあっても、4つとも、式が6×3になる問題として正しいもの、教師が「正解」として求めるものだということです。みんな、「物分かりのよい」子どもになってしまっているわけです。私たちは、小学校で学ぶ内容をすでに (一応は) 身に付けてきているため、つい「物分かりのよい」子ども役になってしまいがちです。

もちろん、今回は子ども役がそうした回答をした以上、梨恵子先生がそれに沿って授業を進めたのは自然かもしれません。けれども、今回の授業にあたっては、梨恵子先生も、そうした「正解」以外の回答を特に想定はしていなかったようです。

　それでは、今回の「『いちご』と『さら』ということばをつかって、しきが６×３になるもんだいをつくろう。」という問題に関して、「正解」から外れるような子どもからの回答として、どんなものが考えられるでしょうか。

　そうした子どもが出しうる「間違い」を考えることは、教師にとって、この課題で何を押さえなければならないのか、何がポイントなのかを意識することになります。そのため、教師が授業づくりにおいてそれらを予想しておくことは大事です。また、子ども役が、教師が「正解」として求める以外の考えを模擬授業のなかやその後の検討会において出し合うことも大事です。

② どんなふうに「間違い」を活かせるだろうか

　子どもが出しうる「間違い」を予想したとして、それを授業づくりにおいてどのように活かせばよいでしょうか。子どもができるだけ「間違い」をしないよう進めればよいわけではありません（それも活かし方の一つではあるでしょうが）。むしろ、「間違い」を含めた多様な考えが出てくることを、子どもたちがより理解を深める機会として役立てられないか、考えてみましょう。

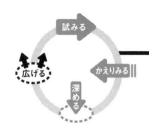

広げる

① 子どもはどんな「間違い」をするだろうか を受けて

由香：梨恵子は 6 × 3 の問題づくりで、「正解」以外の子どもの反応って何か予想してた？

梨恵子（授業者）：うーん、問題がつくれないっていう可能性は考えていて、そのときには、イラストのいちごを 6 つずつ線で囲んだり、「いちごが □ つずつあります」みたいに穴埋めにした文を提示したりして、ヒントにしようと思ってた。けれど、「間違い」になるような問題をつくってくるのは正直考えてなかったなあ…。

明：「間違い」になるような問題って、どんなのがある？

　　　一同、考える。

咲希：こんなのどう？

> いちごが 6 つあります。おさらが 3 さらあります。ぜんぶでいくつでしょう。

武史：えっ、どこが間違い？

由香：ん？ ほら、だって、「6 つあります」としか言ってないから、

明：「1 さらに 6 つずつ」ってことを言わないと。

武史：あ、そっか。これだといちごは 6 つしかないってことになっちゃうか。

明：そうそう。

武史：この問題を無理矢理解こうとしたら、むしろ足し算の 6 + 3 になるかな。まあ、いちごとお皿の足し算はできないだろうけど…。

梨恵子（授業者）：うん、でもこんな感じの問題って、子ども、すごいつくりそう。

由香：「いちご」と「さら」の言葉使って、「6」と「3」って数字当てはめ

て、最後に「ぜんぶでいくつ」って入れて、ね。(笑)

明：そうそう。もっと露骨に、「いちごが6つあります。おさらが3さら
　あります。かけるといくつでしょう」なんてする子もいるかも。

武史：あぁ、「かけるといくつ」って入れたらかけ算になるって考え
　ちゃったか…。

由香：私こんなの考えた。

> 6つのいちごを3まいのおさらに分けます。いくつになるでしょう。

梨恵子（授業者）：えーっと、あっ、わり算になるパターンかあ。

武史：わり算は2年生のこの段階ではまだ習ってないはずだけど、先取り
　して学習してる子とかだったら、ごっちゃにしてやっちゃうかも。

咲希：うん、それにこれって、もし「いちごを3まいのおさらに6つずつ
　分けていきます」とかだったら、OK なわけじゃない。よく考えないと
　けっこう難しい。

明：今のもさっきのも、「○つずつ」ってことがポイントになってるのか。
　同じ数ずつのものがいくつかあるから、かけ算になる。

由香：そうそう。教科書にも出てくるじゃない。かけ算は、「1つ分の数
　×いくつ分＝ぜんぶの数」だって。

武史：大学の算数科教育法の授業でも、「1あたり量×いくつ分＝全体
　量」ってやった。

明：おぉ、間違い方について考えてたらかけ算の本質にたどり着いた！
　（笑）

梨恵子（授業者）：えっと、じゃあこれも「間違い」かな？

> いちごが3つずつのったおさらが6まいあります。いちごはぜ
> んぶでいくつあるでしょう。

由香：あ、さっきのに当てはめると3×6になるパターン。

明：かけ算は交換法則が成り立つから答えは同じになるんだけど…。

咲希：教科書に沿って考えるなら、これもアウトかな。

武史：ん、でもちょっと強引かもしれないけど、トランプの札を配るみた

いに 6 枚のお皿に 1 つずついちごを載せていくっていうのを 3 回繰り返した結果お皿に 3 つずつ載ってる、と考えたら、6 × 3 でもいける気がする。

由香：ほんとだ…。

② どんなふうに「間違い」を活かせるだろうか　を受けて

明：で、子どもの考え方をいろいろ想像してみたけど、授業でそれをどう活かせばいいんだろう。

咲希：実際に授業中に今みたいな考えが子どもから出てきたとなると…。

由香：「それは間違ってるから考え直しましょう」ではまずいよね…。

梨恵子（授業者）：全体の場でとりあげて、私たちが今やったみたいに、「これはかけ算になるかな」「どうしてこれだとおかしいんだろう」とかみんなで考え合ったらいいんじゃない？

由香：そっかあ。そうすれば、何がかけ算になって何がかけ算にはならないのか考えることになるし、そこから、同じ数ずつ何セットかあるときの合計を求めるっていう、かけ算のポイントをもう一度押さえることもできる。

明：最初からかけ算を使うことが分かってるような問題をただ解くのと比べて、かなり頭使うよなあ。

咲希：「正解」から外れたものが出てくることによって、かえってかけ算への理解を深められるのって面白い。

武史：でも子どもが自分たちで「間違い」の理由の説明とかできるかなあ。

由香：それだったら、「絵に描いてみよう」とか言って教師が手助けするとよくない？　「いちごが 6 つ、おさらが 3 さら」とか、絵に描いてみたら子どももきっとおかしいって気づきそう。

武史：あ、たしかに。絵とかおはじきとか使って子ども同士で説明し合うのもよさそう。

明：今回の梨恵子の授業では、「かけられる数」と「かける数」という用

語を強調してたけど、ここでは、「1つ分の数」とか「いくつ分」とかのほうが大事になってきそう。「間違い」の理由を説明するときにそれを使って話す子も出てくるかな。

由香：6×3の式を出した段階で、教師が「かけ算は『1つ分の数×いくつ分＝ぜんぶの数』っていう計算だったね」って先に押さえといてもいいし、問題づくりをしていろんな考えが出てきた後で、「かけ算ってどういう計算だった？」って基本に戻すような形で出してもいいかもしれない。

咲希：でも、こんなふうに発展の可能性がいろいろ見えてきたら、教師としてはむしろ、授業中こうした「間違い」が出てきてほしいとさえ思っちゃうよね。（笑）「正解」しか出てこなかったらさらっと流れてしまうところを、そうやって「間違い」を通してみんなで理解を深めていけるわけだし。

梨恵子（授業者）：子どもから「正解」しか出てこなかったらどうしよう。（笑）

武史：それならいっそ、「本当に式が6×3で合ってるのか、みんなに考えてほしい問題があるんだけど」とか言って、教師から持ち出してもいいんじゃない？

明：「先生はこんなの考えました。これで合ってるか教えてください」って言って持ち出すのもいいかも。

梨恵子（授業者）：そっかあ。今まで授業づくりのときって、どうやって「正解」を子どもに伝えたらいいかってことばかり考えてきたんだけど、子どもがどう考えるかを考えて、それを授業に活かすって、新鮮で面白い。

| セッション ③ | クロージング |

　　　　　今回は、子どもの「間違い」が一つのテーマになっていました。
　　　　学習指導案にはしばしば「予想される子どもの反応」という欄が設けられています。けれども（学生の場合は特に）そこに、教師にとって都合のよい反応のみを書いてしまっている例をよく見かけます。それでは、せっかくのこうした欄の意義が活かされません。むしろ、自分の意図とは外れるような反応の可能性について考えておくことが重要です。

　また、授業中も教師は、物分かりのよい子がパッと出すような、「正解」に近い発言、自分にとって都合のよい発言ばかりを拾って授業を進めてしまいがちです。けれどもそうすることで、その流れについていけない子は置き去りにされることになります。また、理解そのものも表面的なものとなりかねません。

　むしろ、教師の役割は、そうした上滑りの流れを引き留め、「なんでそうなるの？」と待ったをかけること。いわば教師は、「教室で一番物分かりの悪い子ども」になることが必要です。

　学習を、正しい知識を学習者の頭のなかへ「転写」していくようなプロセスとして捉えると、「間違い」は、その際のエラー、いわば「写し間違い」ということになり、排除すべきものとなります。けれども、学習を、学習者が能動的に知識を構成していくものと捉えるならば、「間違い」は、学習者が自ら理屈を組み立てている証であり、必要なものとなります。後者のような学習の捉え方は、「構成主義の学習観」などと呼ばれ、現在の多くの学習理論のベースにある考え方です。

考えよう＆交流しよう

1 a　小5算数の次の文章題で子どもがどんな「間違い」をするか、できるだけたくさん予想してみよう。

　　◆下の表は、先週の月曜日から金曜日までの間に5年1組の人が図書

館から借りた本のさっ数です。1日平均何さつ借りたことになりますか。

曜日	月	火	水	木	金
さっ数（さつ）	5	8	0	3	10

b　上で考えた「間違い」によって、「平均」の考え方についてどのように理解を深められそうか、考えてみよう。

2　小6理科で生物と自然環境との関係について学習している際、「チョウは動物じゃないよ。昆虫だよ！」という子が出てきて、「えっ、チョウも動物でしょ」という子と対立が起こった。そこで、子どもたちに「次にあげたもののうち『動物』だと思うものに○を、『動物でない』と思うものに×をつけましょう」という問題を与えてみたところ、A〜Eさんに関して次のような結果になった。

	イヌ	ライオン	ヒト	カラス	カメ	カエル	メダカ	チョウ	コオロギ	シジミ	ミミズ	ミジンコ
Aさん	○	○	×	○	○	○	○	○	○	○	○	○
Bさん	○	○	○	○	○	○	×	○	○	×	○	×
Cさん	○	○	○	○	×	×	×	×	○	×	×	×
Dさん	○	○	×	×	×	○	×	×	×	×	×	×
Eさん	○	○	×	×	×	×	×	×	×	×	×	×

　全員、理科の学習上、不正確な「動物」概念をもっている（現代の生物学ではここに挙げた生物はすべて「動物」に分類される）。

a　A〜Eさんが、それぞれどのように「動物」を捉えているのか、想像してみよう。

b　正しい「動物」概念をもつのはなぜ難しいのだろう。子どもの日常生活、教科書、授業での扱い方などの観点から考えてみよう。

c　正しい「動物」概念をもっておかないと理科の学習においてどんな困難が生じる可能性があるか、考えてみよう。

③　子どもが生活経験に基づいて自然現象などに対して抱く自分なりの理解のことを、特に理科教育の分野では「素朴概念」と呼んでいる（②でとりあげた「動物」のさまざまな捉え方もその一例である）。多くの場合、これは科学的概念とは一致しない。しかし、素朴概念にも一定の理屈があり、日常生活における支障もないため、学校などで科学的に正しい概念を教わっても、修正されにくかったり時間が経つと戻ってしまったりする。こうした素朴概念の例としてどのようなものがあるか調べてみよう。なぜそのような素朴概念をもつのか、科学的概念とどのように食い違うのか、素朴概念の限界に気づかせるにはどんな事象と出会わせればよいか、考えてみよう。

今泉博『指名しなくてもどの子も発言したくなる授業』学陽書房、2005年
　「間違いがあってもよい」にとどまらず、間違いを学習を深めるきっかけと捉えて「間違いがあるほうがよい」という立場で、授業づくりと学級づくりに取り組んできた、元小学校教師今泉氏の実践記録です。

坪田耕三『算数楽しく問題づくり』教育出版、2012年
　子ども自身が算数の問題をつくる「問題づくり」の活動の意義や進め方はもちろん、どんな問題で子どもの思考を刺激することができるか、子どもの発想を教師がどのように受け止めることが必要かについても述べられています。

稲垣佳世子・波多野誼余夫『人はいかに学ぶか　―日常的認知の世界』中央公論社、1989年
　人は知識を伝達されなくては学べないとする「伝統的な学習観」に対してさまざまな角度から疑問を投げかけ、人はもともと能動的で有能な学び手であるとする「もうひとつの学習観」を提示し、それに基づく教育の可能性を示唆しています。学習観の転換の先駆けとなった本です。

ミニレクチャー③ 子ども役になるということ

　ミニレクチャー①では、模擬授業の活動の強みとして、子ども役として授業を経験できること、それをもとに教師役と子ども役とで対話が行えることを指摘していました。けれども、そもそも子ども役になるというのはどういうことなのでしょうか。その際に模擬授業の場はどんな役割を果たすのでしょうか。

▶ **知っている・分かっていることを保留する**

　模擬授業で子ども役をするとなると、脈絡のないとんちんかんな答えを言おうとしたり、「先生、○○さんが教科書開いてませーん」と叫ぶといった「子どもっぽい」ふるまいをしようとしたりする人がいます。しかし、そうした「ふり」をすることが子ども役になるということなのでしょうか。

　例を挙げて考えていきましょう。小4算数の分数の模擬授業でのやりとりです。

教師役：1mのテープがあります。5等分した1つ分の長さは「何分の何」ですか？
子ども役：5分の1です。
教師役：はい、そうですね。（テープの下に「$\frac{1}{5}$」と書く。）では、これが2つ分になると？
子ども役：5分の2です。
教師役：はい、そうでしたね。（テープの下に「$\frac{2}{5}$」と書く。）

　こうした授業の流れで、次ページの図を示されて、教師役から「色が付いた部分の長さは何mですか」と求められたとしましょう。みなさんが

子ども役であれば何と答えますか？
　子ども役を務める人の多くは、「3分の1mです」と（算数的には正し
く）答えてしまうようです。けれども、先の教師役の説明に忠実に考える
ならば、それほどたやすく「3分の1m」とは言えないはずです。先の説
明では、「5等分した1つ分の長さは5分の1」としています。それに従う
ならば、今回は紙テープ全体が6等分されていてその1つ分ですので、「6
分の1」と答えてもおかしくありません（むしろそのほうが教師役の説明
に沿ったものとも言えるでしょう）。あるいは、先生に「何 mですか」
と聞かれたからということでそれに「m」をつけて「6分の1m」と答え
る子もきっといるでしょう。

　実は、最初の説明のときに、教師役は、「$\frac{1}{5}$」「$\frac{2}{5}$」ではなく「$\frac{1}{5}$m」
「$\frac{2}{5}$m」と単位をつけて示さなければなりませんでしたし、「1mを5等
分したものの1つ分の長さが$\frac{1}{5}$m」ということを強調しておかなければ
なりませんでした。そうした不備があったにもかかわらず、子ども役の多
くは、あまり迷うことなく「3分の1m」と答えてしまいます。すでに自
分が分数について一定の理解をもっているため、無意識のうちにそれで
補って、「正しい」（教師が「正解」として求める）回答をしてしまうので
す。

　子ども役になるためには、まず、こうした自分が知っていること・分
かっていることを保留することが必要です。そして、既有知識の点では子
どもと同じレベルに立ちながら、模擬授業中に出会うもの（教師役や他の
子ども役からの言葉や提示される資料など）だけを頼りにして頭を働か
せ、周囲と関わっていくこと。自分が知ったり分かったりしていることで
補完するのではなく、また、「子どもはこうするものだ」という決めつけ
でそれをやってみせるのでもなく、その場で起こる出来事を一つ一つ経験
して反応していくこと。それが「子ども役になる」ことに他なりません。
これが同時に、この授業を受ける子どもはどう考えたり感じたりするだろ
うかということを想像していくプロセスにもなります。

▶ 模擬授業 & 検討会の場の意義

　もっとも、このように子どもの立場に立って思考を働かせていくというのはなかなか難しいもの。また、子どもの考え方・間違い方の実例にたくさん触れることによって、それが容易になるという側面もあります。

　けれども、だからといって、うまく子ども役を務められないうちは模擬授業 & 検討会を行うのは無意味、ということにはなりません。むしろ逆で、子どもの思考を想像するのが難しいからこそ、こうした場を活用することが有効となります。

　なぜなら、模擬授業の場では、強制的に子どもの立場に自分の身を置くことになるため、「子どもはここでどう考えるのだろう」という問いが自然に生まれるからです。一人で頭のなかで「子どもはどう考えるだろう」と考え続けるよりも、目の前で教師役が説明したり発問したりし、他の子ども役ともやりとりを行うような状況のほうが、そこで生じうる思考について自分の感覚を働かせながら想像することがたやすくなります。さらに、模擬授業後の検討会の場でも、他の子ども役がどう考えたり感じたりしたのか互いに交流することで、それを発展させることができます。実際、セッション③では、子ども役が「物分かりのよい」子になって「正解」となる考えばかりを出してしまったのを、検討会の場で考え直していました。

　模擬授業は、しばしば、授業者のトレーニングの場としてのみ捉えられています。けれども、子ども役にとっても、自分の学び手としての感覚を働かせながら子どもの思考を想像していくための、重要なトレーニングの場となります。

▶ 教師自身の「分かりなおし」

　実は、このように自分の知識を保留して愚直に考えることで子どもの思考に迫ろうとするのは、一方では、教師が、自分がいかに分かっていなかったか（分かった気になっていただけだったか）に気づき、自分自身が「分かりなおし」をしていくことにもつながります。

　例えば、先の分数の例で生じた「$\frac{1}{3}$ m」や「$\frac{1}{6}$」をめぐる問題は、算

数教育でいう「量分数」「割合分数」の区別に関わるものです。私たちは普段生活のなかでは（おそらく多くの場合）不自由なく使い分けることができているため、自分が明確には理解していないということに気づいていません。けれども、子どもの立場に立って一つ一つ考え直していくことで、自分の知識のあいまいさに気づくことになります。

　あるいは、小6社会の日本の歴史。「源頼朝が鎌倉に幕府を開きました」と説明されたとき、「幕府を開く」という表現に初めて出会った人であれば、どんなイメージをもつでしょうか。「開く」というのは、「門を開く」「カフェを開く」「スポーツ大会を開く」などいろいろな使われ方がありますが、「幕府を開く」は何に近いものとして捉えられるのでしょうか。また、教科書には「頼朝が開いた政府を、鎌倉幕府といいます」といった記述が登場します。それでは、今の世の中でいう「政府」と「幕府」はだいたい同じものと考えてよいのでしょうか。違いがあるとすれば、それは何でしょうか。「幕府を開く」はよく使うのに「政府を開く」は一般的ではない（上に挙げた教科書では使っていますが）のはなぜでしょうか。

　もちろん、こうした疑問を教師が事前にすべて調べて解消しておくというのは困難ですし、現実的でもないでしょう。大事なのはむしろ、こうした疑問への「答え」をもつことではなく、こうした疑問が浮かんでくるような、学習者としての頭の働かせ方の感覚を取り戻しておくことです。

　アメリカの教育学者のG.ウィギンズ氏とJ.マクタイ氏は、その教科の内容のことをより知っているはずの教師の側が、自分が知らなかったときのことを忘れてしまっているために、あるいは、実際には理解がおぼろげであるのに自分では「知っている」と思い込んでしまっているために、学習者の側が抱くその内容への分からなさが分からなくなることを、「専門家の盲点」と呼びました（グラント・ウィギンズ、ジェイ・マクタイ著、西岡加名恵訳『理解をもたらすカリキュラム設計 ──「逆向き設計」の理論と方法』日本標準、2012年）。これは、教師に、「自分は分かっている」と思い込むことの危険性を鋭く突くものです。教師自身が子ども役になることをきっかけにして「分かりなおし」を行っていくことが、「専門家の盲点」を乗り越えるうえでの一つの手がかりとなります。

セッション 4 小2国語「たとえをつかって文を書こう」

▶▶ **課題**

物語文教材「スイミー」(レオ・レオニ作、谷川俊太郎訳)の学習の発展として、「ような」「みたいな」などのたとえ(直喩)を使った表現を考えさせる授業を行いなさい。

『こくご 二上 たんぽぽ』光村図書、2015年

学習指導要領(2017年公示版)

※国語の「第1学年及び第2学年」の項目に直接的な該当箇所があるわけではありませんが、学習指導要領ではどのように目標と内容が記述されていてどう今回の課題に関連しそうか、目を通して考えてみましょう。

試みる

由香先生

　　由香先生、黒板に「めあて　たとえをつかって文を書こう」を貼る。

由香先生：今日のめあてはこれです。一緒に読みましょう。

子どもたち：たとえをつかって文を書こう。

由香先生：「たとえ」って何だろうと思う子がいると思うけど、「スイミー」のなかにいっぱいたとえが出てきました。

　　由香先生、黒板に本文の書き抜きの掲示を貼る。ワークシートを配る。

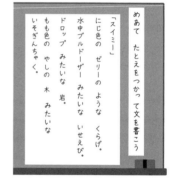

めあて　たとえをつかって文を書こう

「スイミー」
にじ色の　ゼリーのような　くらげ。
水中ブルドーザーみたいな　いせえび。
ドロップ　みたいな　岩。
もも色の　やしの　木　みたいな　いそぎんちゃく。

ワークシート

にじ色の……（「スイミー」の引用文）

たとえをつかった文を考えましょう。

由香先生：（「スイミー」の書き抜きの掲示を指しながら）これを見て、似てるなあと思う部分はありますか？

サキ:「みたいな」がついてる。

アキラ:「ような」のもある。

由香先生:「みたいな」も「ような」も似てると思いませんか？（子どもたち、うなずく。）「にじ色の　ゼリーみたいな　くらげ」とも言えるかな？（子どもたち、口々に「言えそう」。）そうです。こんなふうに「ような」とか「みたいな」とかを使っているのが「たとえ」です。

　「ような」と「みたいな」の部分に○をつけましょう。（子どもたち、各自のワークシートに○をつける。由香先生も、黒板の掲示の同じ部分に○をつける。）

　では、みんなと一緒に、たとえを使った文を考えていきます。（黄色いハンドボールを取り出して見せながら）これ、ボールの他に何に見えますか？

タケシ:たこやき！

由香先生:たこやきに見えるなら、なんて言えるかな。

タケシ:「たこやきみたいなボール」？

由香先生:そうですね。（「たこやきみたいなボール。」と板書する。）または、「たこやきのようなボール」とも言うことができますね。

　たこやきとボールはどんなところが同じかな。

子どもたち:（口々に）黄色い。／丸い。

由香先生:そうですね。（黒板に「・黄色い」「・丸い」と書く。）だから「たこやきみたいなボール」って言うことができますね。

　では今から自分でたとえを使った文をつくってみましょう。同じよ

うなところがあるものを見つけてみましょう。

　　　各自考えてワークシートに書く。

由香先生：難しかったら、教室にあるもので考えてみたらよいですよ。

　　　子どもたち、作業を続ける。

由香先生：できた人に聞いてみたいと思います。できた人？

　　　アキラ、リエコ、サキが挙手。

由香先生：アキラくん。

アキラ：「シャープペンシルみたいなえんぴつ」。（由香先生、「シャープペンシルみたいなえんぴつ。」と板書。）

由香先生：これはどんなところが同じですか？

アキラ：字を書く。

由香先生：他にもこういうところが同じというのがありますか。

サキ：細長い。

タケシ：持ち方が同じ。

由香先生：そうですね。だから「シャープペンシルみたいなえんぴつ」って言うことができますね。

由香先生：他に書いた人は？　（挙手しているリエコに）リエコさん。

リエコ：大きなチョコレートのようなつくえ。（由香先生、「大きなチョコレートのようなつくえ。」と板書。）

由香先生：どういうふうに似てると思ったのかな。

リエコ：茶色い。

由香先生：そうですね。こんなふうに、たとえを使って物を言い表すことができますね。これで今日の授業を終わります。

めあて　たとえを　つかって文を書こう

「スイミー」

にじ色の　ゼリーの　ような　くらげ。

水中ブルドーザー　みたいな　いせえび。

ドロップ　みたいな　岩。

もも色の　やしの　木　みたいな

いそぎんちゃく。

たこやきみたいなボール。

・黄色い
・丸い

シャープペンシルみたいなえんぴつ。

大きなチョコレートのようなつくえ。

セッション

4

小2国語「たとえをつかって文を書こう」

69

かえりみる

由香（授業者）：なんかうまくたとえについて説明できなかった気がする。

明：ハンドボールの実物を持ってきて見せてくれたのとか、インパクトあったよ。国語の授業でも実物使ったらいいんだって思った。

武史：うん。僕も、実物があったから、「何に見えますか」と尋ねられたときに「たこやき」って出てきた気がする。

咲希：そうそう、何に見えるか想像するの、面白かった。

梨恵子：ただ、あのボール、「たこやきみたいなボール」かなあ…。たしかにボールもたこやきも「黄色い」し「丸い」んだけど…。

咲希：私だったら、「たこやきみたいなボール」って、ピンポン球みたいなちっちゃい黄色いボールか、黄色いだけじゃなくてソースや青のりっぽい部分もあるのを想像しちゃうなあ。

梨恵子：青のりっぽい部分があるボールって…。（笑）

武史：というか、同じところがあればたとえの表現になるんだっけ。

咲希：うーん、どんなのがたとえになるのか、考え出すと難しいね…。

梨恵子：それに関係するかは分からないんだけど、最初、せっかく「スイミー」の本文から例を引っぱってきてるのに、「ような」や「みたいな」を使ってるという説明だけで終わるのはもったいない気がした。

由香（授業者）：本文の読み取りは先に終えてるという想定ではあるんだけど。もうちょっと何か補えばよかったかなあ。

明：「スイミー」で出てきた例をうまく活かすやり方があればいいんだけどねえ。

由香（授業者）：たしかに、「ような」や「みたいな」を使って文をつくらせるということだけに必死になってたかも。

梨恵子：後半の、たとえを使った文を考える活動のほうはどうだった？

武史：僕は思い付かなかった。

咲希：私は一応書けたけど考えるのに苦労した。

70

由香（授業者）：みんなの様子見てたら、けっこう考えにくそうだなって思って、なんとかしようって思ったんだけど、何もできなかった。最初にもっといっぱい例を出しておけばよかったのかなあ。

咲希：出てきたのでも、明の「シャープペンシルみたいなえんぴつ」ってなんか微妙な気がした。「みたいな」は使われてるし、たしかに書くという点では２つは共通してるんだけど、それでいいんだっけ、みたいな。

明：手近にあるものでそれしか思い付かなかった。（笑）

梨恵子：私は「大きなチョコレートのようなつくえ」を考えたけど、自分で言っておいてなんだけど、茶色いってことだけなら「チョコレート色のつくえ」でいいじゃんって後で思った。（笑）

武史：今回の授業では、「みたいな」や「ような」を使った文を自分で考えて書くというのが難しかったなあ。書けた場合でも、なんか、文をつくっただけになった気もする。何が足りないんだろうねえ。

ここからどんなふうに深められるかなあ

深める

わたあめ先生

「ような」「みたいな」などのたとえを使った表現をつくるという活動で、モヤモヤが授業者にも子ども役にも残ったようです。この授業と話し合いから、さらにどのように振り返りを深めることができるでしょうか。

① **その学習内容の面白さはどこにあるのだろう**

　振り返りの話し合いでは、「『ような』や『みたいな』を使って文をつくらせるということだけに必死になってたかも」(由香)、「文をつくっただけになった気もする」(武史)という声が出ていました。「たとえを使って文を書こう」がねらいの授業で、ねらい自体は部分的にでも達成できていたにもかかわらず、こうした感想が出るのは、一見不思議です。「ような」「みたいな」を含んだ文をつくるということ以上に、どんな大事なことがあるのでしょうか。

　その手がかりもすでに振り返りのなかに出ているようです。咲希さんは、「私だったら、『たこやきみたいなボール』って、ピンポン球みたいなちっちゃい黄色いボールか、黄色いだけじゃなくてソースや青のりっぽい部分もあるのを想像しちゃう」と言っています。「たこやきみたいなボール」という表現からどんなものが思い浮かぶかを想像しているわけです。

　比喩表現の面白さは、このように、通常では結びつかないものが結びつけられることによって想像力を喚起されるというところにあるでしょう。たこやきはもちろんボールとは異なります。けれどもこれが、「みたいな」によって結びつけられ「たこやきみたいなボール」と表現されることによって、単なる「ボール」とは異なるイメージが広がるようになるわけです。別のものに見立てるということがもつ面白さです。そしてもちろん、見立て方によっても、つまり、「たこやきみたいなボール」なのか「太陽

みたいなボール」なのか「サボテンみたいなボール」なのかによっても、浮かぶイメージは異なります。

　こうした面白さが、たとえを使った文をつくるという学習において味わわせたい面白さでしょう。「ような」や「みたいな」を使ってつくられた表現から「どんなのだろう」と想像したり、見立て方によるイメージの違いを感じ分けたり、言葉が生み出すそのようなイメージの違いを感じながら表現を考えたりといったことです。

　今回の由香先生の授業では、こうした比喩表現の面白さを味わうという面が弱かったようです。イメージを浮かべながら表現を考えるための準備ができていなかったため、文を考える後半の活動も低調に終わったのでしょう。

　このように、活動の形式的な部分、目に見えやすい部分にのみ着目し、それを子どもに行わせることに気をとられ、その活動がもつ面白さの体験や実感といった目に見えにくい部分がおざなりにされてしまうということは、起こりがちです。

　これは、国語科に限りません。例えば、算数の授業で、重さの単位（g・kg）について指導する際、台ばかりの目盛りの読み方や単位の換算などを教えることに終始し、単位というものの必要性や意義を感じたり、それぞれの単位が表す重さを実感したりといった面が弱くなるといったものです。

　経験が浅い教師にとっては、目に見えやすい部分を教えるほうが「教えた」という手ごたえを得やすいため、こうしたことが起きやすくなるのでしょう。けれどもそれでは、子どもたちにとって、学習の面白さが感じにくくなるだけでなく、内容の理解も十分に得られないことになってしまいます。

　さて、それでは今回の授業でそうした目に見えにくい部分を大事にする、つまり、比喩表現の面白さを学習者が味わえるようにするには、どうすればよいのでしょうか。

セッション **4** 小2国語「たとえをつかって文を書こう」

73

② どうやって発想を刺激すればよいのだろう

　振り返りの話し合いでは、比喩表現の文づくりに関して、「思い付かなかった」（武史）、「一応書けたけど考えるのに苦労した」（咲希）といった声が出ていました。授業者の由香さんは「最初にもっといっぱい例を出しておけばよかったのかなあ」と言っています。最初に「ような」「みたいな」を使った表現の例を他にも数多く紹介しておけば考えやすくなったのでしょうか。どうすれば学習者の発想を刺激することができるのでしょうか。

　1つ手がかりになるのは、ただ「自由に考えてください」と全面的に委ねられると、人はかえって考えにくくなってしまうということです。制約があるほうが、発想は刺激されます。例えば、いきなり「自由にお話をつくってください」と言われたら、普通の人は途方に暮れるでしょう。むしろ、「次の3つの言葉が出てくるお話をつくってください」や「最後の一文が『……』で終わるお話をつくってください」などと指示されるほうが考えやすいはずです。制約があるほうが、それをどのように達成するか集中して考えられるため、創造性を発揮しやすくなるわけです。

　それでは、こうした考え方をどのように今回の授業の改善のために活かすことができるでしょう。

広げる

> ① その学習内容の面白さはどこにあるのだろう　を受けて

由香（授業者）：たしかに、文をつくるということにばかり気をとられて、感じるということがおろそかになってた。

梨恵子：見立てることの面白さを味わわせるとか、自分が授業するときも抜けてしまいそう。文をつくるとか分かりやすい活動をさせてるほうが安心感があるから。（笑）

明：最初例に出した「スイミー」に、「にじ色の　ゼリーのような　くらげ。」という文が出てくるよね？　これを使って、「○○のような／○○みたいなくらげ」というのをいろいろ考えさせて、その違いを想像してみるとかどう？

武史：いろいろな「くらげ」？

明：うん。「風船のようなくらげ」とか。

梨恵子：「電球のようなくらげ」みたいな？

明：そうそう。

由香（授業者）：あぁ、同じ「くらげ」でも、何に見立てるかで、ずいぶんイメージが違うねえ。「ゼリーのようなくらげ」、「風船のようなくらげ」、「電球のようなくらげ」…。

咲希：そうだねえ。「ゼリーのような」だったら触った感じがプニプニしてそうだし、「風船のような」だったら丸くてフワフワ浮いてそうだし。

武史：「電球のような」は光り輝いてそう！（笑）

梨恵子：あぁ、こうやっていろんな表現を子どもに考えさせてそれを出し合って、みんなでその違いを想像するとかすればいいのかあ。

由香（授業者）：授業の最初をこんな感じで進められるかな。

　みなさん、「スイミー」でこんな文が出てきましたね。「にじ色の　ゼ

リーのような　くらげ。」　これと同じ言い方を使って、「○○のようなくらげ」って言えるかな。「○○」に入る言葉を考えてごらん。

　一人ずつかペアで考えさせて、出てきたのを黒板に書いていく。そして、それをもとに続き。

「○○のようなくらげ」というのがたくさん出てきましたね。同じ「くらげ」でも、いろんな「くらげ」がいそうです。どんなふうに感じが違うか、言葉にしてごらん。

　で、その交流をした後、説明する。

「○○のような」の「○○」に入る言葉によって、感じが変わりましたね。こんなふうに、「○○のような」とか「○○みたいな」とかを使って何かに見立てて感じを表すのが、「たとえ」です。「スイミー」では他にもたとえを使った文が出てきていましたね。今日は、このたとえを使った文をつくる学習をします。

武史：うん、これだと、由香が言ってた、ただたくさん例を出すというのよりも、効果的な気がする。

咲希：いいね。「スイミー」の学習を活かすことができるし。ただ、「○○のようなくらげ」を最初から考えられるかなあ。何か手がかりがあったら考えやすいかも。

明：ちょっと待って。（タブレット端末を使ってインターネットで「くらげ」の画像を検索し、結果の一覧をみんなに見せる。）

全員：（「くらげ」の画像一覧を見て）おぉーっ、すごい！

武史：「お椀のようなくらげ」！

梨恵子：「きのこのようなくらげ」！

咲希：「UFO みたいなくらげ」！

由香（授業者）：この画像を印刷して黒板にペタペタ貼っておいて、それ

ぞれに「○○のようなくらげ」を考えて出し合うのもいいかも。

咲希：面白そう！

梨恵子：さっきのは、言葉の違いからイメージの違いへ、という流れだったけど、これだったら、イメージの違いから言葉の違いへ、という流れだね。これでもちゃんと、「○○のような」の「○○」に入る言葉の違いがイメージの違いを表す、という点を押さえられる。どちらのやり方もありかも。

② どうやって発想を刺激すればよいのだろう　を受けて

明：今回の授業では、たとえを使った文を考えるというときに、「○○のような□□」の「○○」と「□□」の両方をいっぺんに考えさせてたけど、たしかに両方いっぺんに考えるのって難しいよね。

咲希：さっきここで「○○のようなくらげ」を考えたときは、一方が決まってたから考えやすかった。そんなふうに、一方を固定しておくとよいのかな。

武史：あーなるほど。それが、わたあめ先生が言ってた「制約」に当たるのか。

梨恵子：今回の授業でも、前半、「○○みたいなボール」の「○○」を考えさせるときには「ボール」のほうを固定してたじゃない。そんな感じかな。

由香（授業者）：じゃあ「○○のような」のほうを固定してみよっか。「にじ色のゼリーのような□□」の「□□」に入るものは…。

咲希：「にじ色のゼリーのようなシャンプー」。

由香（授業者）：髪つやつやになりそう！（笑）

明：「にじ色のゼリーのようなプール」。

梨恵子：うーん、ちょっと入りたくないかも…。（笑）

武史：まあ、「にじ色のゼリーのような」で考えさせるのは難しいかもしれないけど、「○○のような」のほうを決めておいていろいろ考えさせるというアイデアは使えそう。

セッション

4

小2国語「たとえをつかって文を書こう」

77

咲希：うん。それに、こんなふうに、一瞬「えっ」って思う結びつきでも、それがどんなのか想像してみるのって面白い。
明：そっか、それが比喩の面白さっていうことか。
梨恵子：子どもがつくった文も、それがどんなのか想像してみるのがすごく大事そう。
咲希：明が出してた、「シャープペンシルみたいなえんぴつ」ってどんなのだろう。
武史：ノックしたら次々芯が出てくる鉛筆？
由香（授業者）：いや、それそのまんまシャープペンシルだから。（笑）
梨恵子：これって、あまりに見立てる対象が近かったら、たとえにならないってことだよねえ。それを押さえるのによいかも。
由香（授業者）：なるほど。

セッション④ クロージング

　新たな内容を学ぶということは、世界との関わり方が変化するということ。そこには、他人との勝ち負けや賞罰などとは異なる、学習内容そのものに伴う本質的な面白さや楽しさが存在します。けれども、今回の授業で見られたように、そうした面白さ・楽しさの経験は、学校の授業で抜け落ちてしまいがち。しかも皮肉なことに、教師が「教える」ことに必死になるあまり、こうした問題が起きる場合もあるのです。

　それを防ぐために大切なのは、まず教師自身が学ぶことを楽しむこと。認知心理学者の宮崎清孝氏は、「真っ先に学び、その学び方が後から学ぶ子どもたちにとって手本となるような学び手」のことを「原学習者」と呼び、教師をそうした存在として特徴付けています（宮崎清孝編『総合学習は思考力を育てる』一莖書房、2005年）。

　今回の「広げる」の話し合いでは、5名の学生たち自身が比喩表現を考え合ったり、互いの比喩表現から思い浮かぶものを想像し合ったりしていました（「○○のようなくらげ」、「にじ色のゼリーのような□□」）。そこから、比喩表現というものへの気づきも得ていました（「一瞬『えっ』って思う結びつきでも、それがどんなのか想像してみるのって面白い」、「あまりに見立てる対象が近かったら、たとえにならない」）。これらはまさに、「原学習者」としての教師の姿を示しているものといえるでしょう。

　このように「原学習者」として内容を学び直すことによって、教師は、その学習内容の面白さを再発見することができます。どんなところに面白さを感じたり、またどんなところで分からなくなったり苦労したりするのかもつかめます。こうして得た感覚が、学習内容の本質的な面白さ・楽しさを子どもたちが体験できるような授業をつくることにつながります。

　授業づくりでは、つい「教える」ということにばかり意識が向きがちですが、教師が「学ぶ」ということが出発点になることを意識していただけたらと思います。

🗨 考えよう＆交流しよう 🗨

1. 次にあげる学習内容に関して、それ自体に伴う面白さはどのようなものだろうか。その面白さはどんな活動を通して味わうことができそうだろうか。

- 小4算数　折れ線グラフ

   ヒント　それまでの学年で学習する他の種類のグラフと比べて、折れ線グラフで何が可能になるか考えてみよう。

- 小6理科　てこのつり合い

   ヒント　単に「支点からの距離×おもりの重さ」の計算ができるということにとどまらない面白さ、「おぉ〜っ」と思えるポイントを考えてみよう。

2. 国語科（学年任意）で「対義語」（「反対ことば」）をテーマにし、子どもたちに実際に対義語を考えさせる授業を行うとしよう。対義語を学ぶ面白さとはどういったもので、それはどのようにして子どもに経験させられるだろうか。また、どのようにして子どもの発想を刺激することができるだろうか。

3. これまで自分が行ってきた授業のなかで、形式的で目に見えやすい部分にのみ意識が向き、その学習内容そのものの面白さを体験することがおろそかになってしまった例はないだろうか。思い返してみよう。

ブックガイド

岩辺泰吏『だいすき国語』大月書店、2000 年

　辞典で遊ぶ、詩を遊ぶ、漢字で遊ぶ…。国語の授業に「探偵的・ゲーム的手法」を導入して「共に楽しむ」ことを取り組んできた著者によるさまざまな活動の紹介。物語の世界を楽しむ「読書アニマシオン」もとりあげられています。

ポール・ロックハート著、吉田新一郎訳『算数・数学はアートだ！ ―ワクワクする問題を子どもたちに』新評論、2016 年

　学校で教えられる算数・数学が機械的で退屈な訓練にしかなっていないと著者は厳しく批判します。算数・数学をアートとみなし、それ自体がもつ楽しさを子どもが体験できるようにと訴えかけています。

鳥山敏子『イメージをさぐる ―からだ・ことば・イメージの授業』太郎次郎社、1985 年

　物語の登場人物や、カマキリやヒマワリなどの生きものに「なってみる」ことによって、その世界に入り込んで自分の感覚を働かせながら学びを深めていくような実践に小学校教師の著者は取り組んできました。本セッションでとりあげた「スイミー」の授業記録も載っています。

ミニレクチャー④	感情が果たす役割

　ミニレクチャー③では、模擬授業で子ども役になるということが、自分がもっている知識を保留してその場での出来事だけを頼りにしながら一つ一つ思考を進めて授業を体験することであると述べました。ただ、そこでは触れられなかった、子ども役になるということがもつ側面があります。今回はそれをとりあげます。

▶ 学習者の感情

　大学の授業や教員研修を自分が受けている場面を想像してみてください。先生があるアクティビティを紹介し、これからそれを自分たちで行ってみることになっています。アクティビティのやり方はおおよそ分かったにもかかわらず、先生の説明が続きます。みなさんはそこで「説明はもういいから早くさせてくれたらいいのに」と感じるかもしれません。それでも先生の説明が続き、細々とした注意が話されると、みなさんはイライラし始めるかもしれません。

　あるいは、グループワークの場面。自分が苦手な分野のテーマなので、ついていけるか心配です。けれども、先生が全体に「この活動はこの分野が苦手な人にも取り組みやすい内容になってますから、そういう人でも大丈夫ですよ」と前置きし、あなたはほっとします。実際の活動では、グループメンバーそれぞれに異なる資料と役割が与えられたため、得意な人だけがグループのなかで活躍できるということはなく、あなたもグループに貢献できて、うれしく感じます。

　これらの例は、授業に参加して学習を行ううえで感情というものが重要な役割を果たしていることを示しています。例えば最初の例では、理解という観点からは、アクティビティのやり方の説明がよりていねいであることには何の問題もないはずです。にもかかわらず、説明が多いほうがかえって学習に向かう姿勢を阻害してしまうこともあり得るわけです。そこで働いているのが感情です。

授業において学習者の感情が果たす役割は、学習を認知的な活動としてのみ捉える枠組みのなかでは見過ごされがちで、授業論のなかでもあまり扱われてきませんでした。けれども実際には、感情の動きによって学習は促進も阻害もされます。ベテランの教師はそうした要素をうまく扱って授業を行っています。また、すぐれた教材はさまざまな感情の動きを引き起こします。人は、授業において「冷たく」思考をして学習活動を行っているわけではありません。

▶模擬授業での感情の動きの経験

　模擬授業で子ども役になることを通して、学習に伴うこうした感情の動きを体験することができます。どんなふうに頭が働くかだけではなく、どんなふうに心が動くかも体験することができます。「さっき教わったばかりのことをすぐに活用できてうれしい」とか「何をすればよいか分からないままグループのなかでお見合い状態になってしまうのは苦痛」とか、学習の過程のどこでワクワクしたり、どこで不満を感じたりするかを自ら経験することは大切です。もちろん、セッション④の振り返りの話し合いで出ていたように、内容の面白さに対する心の動きを経験することも重要です。

　時には、授業者が想定している感情の動きと、学習者が経験する感情の動きとが食い違うこともあります。模擬授業の検討会で子ども役からフィードバックを行ってそのズレを浮かびあがらせ、そこで生じている問題について考えることができます。

　ある模擬授業＆検討会でこんなことがありました。

　説明文の読解を行う国語の模擬授業でのこと。文章の構造について考えるため、子ども役は各自、本文のコピーを段落ごとに切り抜き、その紙片を動かして視覚的に構造を示せるよう大きな紙の上に配置するという活動を行っていました。授業者は、学習者が作業しやすいようにと考えて、並べた紙片をのりで留めるという手順にしていました。けれども、模擬授業後の検討会では、子ども役から「のりで貼ってしまうとなると、もう変えられない感じがして抵抗があった」という感想が出されました。

ミニレクチャー｜4　感情が果たす役割

これは、一見ささいなことに見えます。けれども同時に、「何度でもやり直しができるという安心感」や「『間違う』ことへの恐れ」、「試行錯誤できる場の保障」といった、より大きなテーマにつながるものでもあります。

▶ 感じ方・考え方の多様性と検討会

　もっとも、みなさんが模擬授業の子ども役として経験した感情の動きと、実際の教室で子どもが経験する感情の動きとが一致するという保障はありません。そもそも、同じ出来事でもどのように感じるかは人によって異なります。けれども、だからこそ、模擬授業で複数名が子ども役を務め、それぞれが感じたことを検討会で交流することが有意義となります。

　例えば、学生たちが行った国語の書写の模擬授業＆検討会でこんなことがありました。

　その模擬授業では、それぞれが書いた毛筆の作品をお互いに見合ってコメントを行う「相互批正」の活動を行っていました。授業者は、学習者が自分の作品を他人に見られることに関してどう感じるのかに関心をもっており、検討会でもその話題になりました。子ども役の学生から「（自分の作品を見られることは）特に嫌ではなかった」という発言がいくつか続いた後で、次のような発言とやりとりが生まれました。

　　A：（ここまで）話してくれた人は抵抗ないって言ってたけど、個人的
　　　　にはちょっと抵抗があって…。
　　B：なんで？
　　A：全然うまく書けないから、できれば見せたくないっていうのがあっ
　　　　て…。アドバイスしてもらえるっていう点ではいいと思うんですけ
　　　　ど…。見せたくないって思う人は（他に）いないですか。

　学習者による感じ方の多様性が、ここでは浮かびあがっています。ここでの議論は、安心して自分の作品を見せられるようにするには何が必要か、進んで見せたくなるような「アドバイス」はどういうものか、そもそ

も何のための「相互批正」なのかなど、大事な問いにつながるものでしょう。

　模擬授業には子ども役が複数名います。子ども役としてそれぞれが授業においてどう感じたのか、どう考えたのかは互いに異なるでしょう。そうしたそれぞれの感じ方、考え方を検討会において交流し、その多様性を知ること。それをもとにして授業づくりについて考えること。このように集団で試行を伴いながら考えることによって一人ではなし得ないようなやり方で授業づくりについて学べるということは、模擬授業＆検討会の活動がもつ強みです。

▶ 感情の要素を授業づくりに活かす

　学習において感情が果たす役割の話に戻ります。「思考」に対する「感情」、あるいは、「認知」に対する「情意」は、先にも触れたように、特に学問的な授業論においては、軽視されがちな要素でした。

　けれども、なかにはこうした要素に関して興味深い議論を行っている教育学者もいます。

　アメリカの K. イーガン氏は、『想像力を触発する教育　─認知的道具を活かした授業づくり』（高屋景一・佐柳光代訳、北大路書房、2010 年）や『想像力と教育　─認知的道具が培う柔軟な精神』（高屋景一・佐柳光代訳、北大路書房、2013 年）などにおいて、「思考」と「感情」を切り離す二分法は取っていません。むしろ、「感情」がかきたてられるような（「想像力」が触発されるような）学び方が同時に「思考」を伸ばすような学び方でもあると捉え、学び方の数々のパターンを「認知的道具」と呼んでいます。

　例えば、「経験の極端な事例と現実世界の限界」という「認知的道具」は、人が極端な例や突飛な例に関心を向けることにより、現実世界の限界を知ることになって一般的な対象への理解も深まるというパターンを示しています。イーガンが指摘する通り、学校現場ではしばしば、「身近でよく見知ったものから授業を始めるとよい」といった考えが広く信じられています。けれども実際には子どもたちは、「世界で最も大きなカブトムシ」

や「世界一深い湖」といったものに興味をかきたてられます。こうした感情を動かす学び方が、同時に理解を深める学び方であることをイーガンは説いています。

　ここまでのミニレクチャーでは、本書で描くような検討会の意義やそこでの学び方について述べてきました。次回はいよいよ、自分たちで模擬授業の勉強会を開くためのノウハウについて扱います。

小4算数「何倍でしょう」

▶▶ 課題

以下の設問を使って授業を行いなさい。

　テレビとうの高さは 90 m で、これは百貨店の高さの 3 倍です。百貨店の高さは、学校の高さの 2 倍です。学校の高さは何 m ですか。

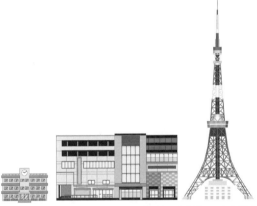

『わくわく算数　4上』啓林館、2014 年

学習指導要領（2017年公示版）

□算数　第4学年「内容」「A　数と計算」より
(3) 整数の除法に関わる数学的活動を通して、次の事項を身に付けることができるよう指導する。
　ア　次のような知識及び技能を身に付けること。
　　(ｱ) 除数が1位数や2位数で被除数が2位数や3位数の場合の計算が、基本的な計算を基にしてできることを理解すること。また、その筆算の仕方について理解すること。
　　(ｲ) 除法の計算が確実にでき、それを適切に用いること。
　　(ｳ) 除法について、次の関係を理解すること。
　　　　（被除数）＝（除数）×（商）＋（余り）
　　(ｴ) 除法に関して成り立つ性質について理解すること。
　イ　次のような思考力、判断力、表現力等を身に付けること。
　　(ｱ) 数量の関係に着目し、計算の仕方を考えたり計算に関して成り立つ性質を見いだしたりするとともに、その性質を活用して、計算を工夫したり計算の確かめをしたりすること。

試みる

武史先生

　黒板には問題文が書いてあり、拡大したイラストが貼ってある。

武史先生：今日はこの問題をします。最初にみんなで読んでみましょう。

子どもたち：テレビとうの高さは90ｍで、これは百貨店の高さの3倍です。百貨店の高さは、学校の高さの2倍です。学校の高さは何ｍですか。

武史先生：まず、この問題で分かっていることは何ですか。

アキラ：テレビ塔の高さは90ｍ。（武史先生、「分かっていること」「テレビとう　90ｍ」と板書。）

ユカ：テレビ塔の高さは百貨店の高さの3倍。（武史先生、「テレビとうの高さ　百貨店の3倍」と板書。）

サキ：百貨店の高さは学校の高さの2倍。（武史先生、「百貨店の高さ　学校の2倍」と板書。）

武史先生：求めたいことは何ですか。

リエコ：学校の高さ。（武史先生、「求めたいこと」「学校の高さ」と板書。）

武史先生：じゃあこの分かっていることを図に書き込んでいきましょう。まず、テレビ塔が90mだから、どこに書いたらいいかな？

子どもたち：（テレビ塔のイラストを指して）それ！／一番右のやつ。（武史先生、テレビ塔のイラストの上に「90m」と書き込む。）

武史先生：（百貨店からテレビ塔にかけて矢印を描いて）これは何倍？

ユカ：3倍。（武史先生、矢印の横に「3倍」と書き込む。）

武史先生：（学校から百貨店にかけて矢印を描いて）これは？

サキ：2倍。（武史先生、矢印の横に「2倍」と書き込む。）

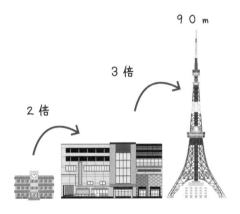

武史先生：そうですね。では、この問題は学校の高さ（左端の学校のイラストを指さしながら）を求めたい問題ですが、まず百貨店の高さ（中央の百貨店のイラストを指さしながら）を出してみましょう。（黒板に「百貨店の高さ」と書く。）どうやったら求められますか。式と答えを書いてください。

　　子どもたち、各自のノートに書く。

武史先生：発表してくれる人？

アキラ：はい。

武史先生：アキラさん。

アキラ：90 ÷ 3 = 30。30mです。

武史先生：（黒板の「百貨店の高さ」の下に、「90 ÷ 3 = 30　30m」と板書

する。）百貨店の高さは 30 m。では次、学校の高さはどうやったら求め
られますか。（「学校の高さ」と板書。）式と答えを書いてください。

　　子どもたち、各自のノートに書く。

武史先生：誰か発表してくれる人？

ユカ：はい。

武史先生：ユカさん。

ユカ：30 ÷ 2 = 15。15 m です。

武史先生：学校の高さが 15 m。（「学校の高さ」の下に、「30 ÷ 2 = 15
　　15 m」と板書。）これでこの問題の知りたいことが分かりましたね。で
　　はもう 1 つ質問です。テレビ塔の高さは、学校の高さの何倍になってい
　　ますか。（「テレビとうの高さは学校の高さの何倍？」と板書。）どうやった
　　ら分かるでしょう。

　　子どもたち、しばらく沈黙。

リエコ：テレビ塔の高さを学校の高さで割る。

武史先生：どんな式になりますか。

リエコ：90 ÷ 15 = 6。

武史先生：…そうですね。6 倍になりますね。（学校のイラストからテレビ
　　塔のイラストにかけて矢印を描いて、「6 倍」と書き込む。）ということ
　　は…、テレビ塔の 90 m を 6 で割っても、学校の高さが分かりますね。
　　それはどんな式になりますか。

サキ：90 ÷ 6 ？

武史先生：そうですね。90 ÷ 6 でも 15 m が求められますね。（「90 ÷
　　6 = 15　15 m」と板書。）

　　いろいろなやり方で答えが求められるということが分かりました。こ
　　れで授業を終わります。

何倍でしょう

テレビとうの高さは90mで、これは百貨店の高さの3倍です。百貨店の高さは、学校の高さの2倍です。学校の高さは何mですか。

分かっていること
　テレビとう　90m
　テレビとうの高さ　百貨店の3倍
　百貨店の高さ　学校の2倍

求めたいこと
　学校の高さ

百貨店の高さ
　90÷3＝30　30m

学校の高さ
　30÷2＝15　15m

テレビとうの高さは
学校の高さの何倍？
　90÷15＝6　6倍

　90÷6＝15　15m

かえりみる

武史（授業者）：最後のほう、自分でもなんか混乱してきた。分かりやすくってことを心がけて授業しようとしたんだけど。設問の答えを出すのでいっぱいいっぱい。

梨恵子：前半は分かりやすかった。「分かっていること」をイラストに書き込んでいくところとか。

明：そうそう、あれのおかげで３つの関係が分かった。矢印に助けられた。

由香：というか、この問題文、意味が分かりにくいよねえ。イラストがついてたからなんとかなったけど、イラストがなかったら、どっちが高いのかとか、私なら絶対混乱する。（笑）

咲希：せめて最初に「テレビとうと百貨店と学校があります」って言っといてほしいよね…。

武史（授業者）：イラストを最初から出すかどうかは迷ったんだけど、教科書にイラスト入りで出てるし、最初から出した。

明：イラストを最初見たとき、テレビ塔は分かるんだけど、どっちが百貨店でどっちが学校か一瞬戸惑った。

由香：そうそう。最初にどれがどれか確認してイラストの下にでも書いておくと迷わずに済みそう。

武史（授業者）：あぁ、そっか。なるほどねー。

咲希：前半の武史先生の説明、分かりやすいには分かりやすかったんだけど、ただ、なんか先生に言われるまま作業を進めている感じがした。

由香：たしかに、あんまり頭を使ったという感じはしなかった。

明：うーん…。最初に「まず百貨店の高さを出してみましょう」って先生が言っちゃってたしなあ。

咲希：うん、「先生がそれ言っちゃうんだ」ってちょっと思った。（笑）

梨恵子：授業の後半の話にいくけど、途中の「テレビ塔の高さは、学校の

高さの何倍になっていますか」から後がよく分からなくなった。

武史（授業者）：テレビ塔の90ｍを6で割っても学校の高さが求められるってところにもっていきたかったんだけど…。

梨恵子：でもその6って、「2倍」と「3倍」をかけた「6倍」の6じゃないとダメじゃない？　2×3の話が出てきてないよ。

咲希：そうだね。90÷15＝6の6になってる…。15は答えだもんね。それ使ったらおかしい。

由香：ほんとだ。イラストに書き入れた「6倍」の矢印でなんか分かった気になってたけど、これじゃあ何の「6」なのか分からない。

武史（授業者）：予定では、2×3＝6の話をするつもりだったんだけど、「テレビ塔の高さは学校の高さの何倍？」のところで「テレビ塔の高さを学校の高さで割る」っていうのが出てきて、うまく話を戻せないまま、ズルズルいっちゃった…。

咲希：あぁ、分かる。

梨恵子：そういうこと、あるよねえ。

明：どうやったら焦点を外さないで授業をすることができるんだろうねえ。

ここからどんなふうに深められるかなあ

深める

わたあめ先生　武史先生、途中まではスムーズに進んでいるように見えたのに、最後のほうは自分でも混乱している様子でした。この授業と話し合いから、さらにどのように振り返りを深めることができるでしょうか。

① 一番頭を使わせたいポイントはどこだろう、これまでのどんな学習の発展だろう

　振り返りの話し合いでは、「分かりやすかった」（梨恵子）という声がある一方で、「先生に言われるまま作業を進めている感じ」（咲希）という声も出ていました。どうすれば、ただ分かりやすいだけでなく、子どもに自分で頭を使って問題に取り組ませることができるのでしょうか。

　子どもに頭を使わせたいならば、一番考えさせたいポイントがどこなのか、教師の側で焦点を明確にしておく必要があります。何を考えればよいかがぼやけている状況では、子どもは力を発揮することができないからです。

　今回の授業では、そのポイントが武史先生のなかで明確でなかったように思われます。そのため、前半は、教師が示す手順に従って子どもに一問一答式で答えさせるだけになり、後半も、本人が「うまく話を戻せないまま、ズルズルいっちゃった…」（武史）と振り返るように、教師が求めていたものとは違う内容が出てきて混乱することになってしまったようです。

　では、どうすれば、その問題で一番頭を使わせたいポイントを教師が捉えることができるのでしょうか。

　その際に有効なのが、今取り組んでいる学習はこれまでに行ってきたどんな学習の発展なのだろうか、という視点です。学校での学習は、どの教

科にせよ、何らかの形で内容を積み上げていくようになっています。以前学んだことを活かしながら新しい学習に挑戦して、自分ができることを拡大していくわけです。そのため、以前の学習と比べてその学習において新たに登場した部分が何かを考えることで、子どもに一番考えさせたいポイントを把握するための手がかりとなります。

　それでは、今回扱った問題は、すでに行ってきたどんな問題の発展として捉えられそうでしょうか。つまり、今回の問題の基本形となる問題はどんなものでしょうか。そして、その基本形となる問題と今回の問題との違いは何で、今回の問題においてポイントとなるべきものは何でしょうか。

② どうすればどの子にも、問題に取り組むための共通の土台を用意できるだろう

　「先生に言われるまま作業を進めている感じ」（咲希）になるのも問題ですが、逆に、子どもにただ「さあ、みんな自由に解きましょう」と丸投げして教師が何もサポートしないのも問題でしょう。手がかりがないため、途方に暮れる子、誰かの解答を丸写しするだけになってしまう子も出てくるかもしれません。どうすれば、どの子にも、問題に取り組むための共通の土台を用意することができるでしょう。また、今回武史先生は、「テレビ塔の 90 m を 6 で割っても学校の高さが求められるってところにもっていきたかった」ようです。どうすれば、その解法の存在に子どもの意識を向けさせることができるのでしょう。

　ここでも、先ほどと同じ発想が役立ちます。すでに学んでいることに立ち返るということです。「一番考えさせたいポイント」で頭を使わせることができるように、それに取り組むための手がかりとなる既習事項については先に押さえておくわけです。そうやって子どもたちの出発点を揃えておけば、そこから先の部分に取り組むことに子どもたちを集中させることができます。またそのうえで、これまで行ってきた問題と新しい問題は、どこが同じでどこが違うかを考えさせるというのもよいでしょう。子どもたちに、自らの学習に対してより自覚的にさせることになります（いわゆるメタ認知の育成につながります）。

さらに、子どもがつまずいたり、子どもに気づかせたいポイントが出て
こなかったりした場合にも、すでに学んでいることに立ち返るという方法
は有益です。
　それでは、こうした考え方は今回の授業の改善のためにどのように活か
すことができるでしょうか。

広げる

① **一番頭を使わせたいポイントはどこだろう、これまでのどんな学習の発展だろう** を受けて

明：今回の問題がどんな問題の発展になっているか、か。

武史（授業者）：そんなこと意識せずにこの問題のことだけ考えて授業準備してた。

由香：こういうのじゃない？ 今回みたいに2回わり算をする必要がなくて、1回のわり算で済むもの。例えば、「市役所の高さは40 mで、これは体育館の高さの2倍です。体育館の高さは何mですか」みたいな。

咲希：そうだね。この問題のほうが単純だし、これが解けないなら今回みたいな問題も解けないよねえ。

梨恵子：じゃあ、問題が今回のみたいに2回わり算する形になったことで何が違ってくるのかな。

由香：えっと、まず、3つの要素が出てくるから、関係を分かりやすく整理して、順序よく計算しないといけない。2つのときだと問題文を聞いただけでも式が立てられるかもしれないけれど、3つになると難しい。

咲希：3つになると、まず何から求めたらよいかっていうことを考えないといけないし。

明：それから、解き方が2通りあるってことかな。90 ÷ 3 = 30、30 ÷ 2 = 15 と順に割って高さを一つずつ求めていくやり方と、先に 2 × 3 = 6 として倍関係をまとめておいて、90 ÷ 6 = 15 と一気に割るやり方。

武史（授業者）：そっか。こうやって今まで学んできたことと比べて問題を分析しておけば、子どもに考えさせるべきポイントが分かるのか。

梨恵子：この問題の基本形ということなら、2回わり算するんじゃなくて、2回かけ算するというのもあるんじゃない。例えば、「こたつの高さは40 cmで、たんすの高さはこたつの高さの2倍です。天井の高さ

はたんすの高さの３倍です。天井の高さは何 m 何 cm ですか」みたいなの。こっちのほうが順にかけていけばよいだけだから簡単。

咲希：たしかに。

② どうすればどの子にも、問題に取り組むための共通の土台を用意できるだろう を受けて

武史（授業者）：「すでに学んでいることに立ち返る」ってことだから、さっき由香が言ってた問題使って、こんなふうに始められるかな。

> 今日は新しい問題にチャレンジするんだけど、その前に、すでに勉強してきた、それとよく似た問題をやってみましょう。（設問「市役所の高さは 40m で、これは体育館の高さの２倍です。体育館の高さは何 m ですか。」を提示。）この問題の式と答えをノートに書いてください。

で、これの答え合わせをするときに、状況を図やイラストで表して整理できることとか、「○倍です」のもとの大きさを考えるときにわり算を使うこととかを全体の場で確認しておく。その後、今回の「テレビとう」「百貨店」「学校」の３つが出てくる問題を提示して、「前の問題の解き方を手がかりにして、自分で解き方を考えて、やってみましょう」って言って子どもに取り組ませたらいいかな。

明：そのとき、「前の問題と似てるけどちょっと違いますね。どんなところが違いますか？」と問いかけて、登場する高さが３つに増えていることを押さえておくっていう手もある。

由香：うんうん。こんなふうにすれば、先生が言う通りにやらされてるって感じじゃなくなるね。

咲希：「じゃあ、まず何から求めたらよいかな？」っていうのも自然に尋ねられる。

梨恵子：それに、この問題で取り組ませたい、関係を整理して順序よく計算したり、２種類の解法を考えたりってことに子どもを集中させられる

98

よね。「『倍』って書いてあるのになんで割るの？」みたいなところでつまずいちゃうのを防げる。

由香：「2倍」と「3倍」をかけて「6倍」とまとめておいて一気に割るほうの解法が出てこないときはどうしよう。今回武史先生はそれを出させたかったわけだけど。

梨恵子：さっき私が出したような、2回かけ算するタイプの問題に立ち返って、思い出させるなり考えさせるなりしたらいいんじゃない？

「順に一つずつかけ算をして求めるやり方と、もう一つ別のやり方がありました。どんなやり方でしたか」みたいに。

咲希：あぁ、一気に計算するやり方、そっちで考えるほうが考えやすいしね。

武史（授業者）：そっか。それの応用だと気づいてもらえれば、子どものなかから出てくる。

由香：今回の問題で「2倍」と「3倍」を足して「5倍」にして「90 ÷ 5 = 18　18 m」みたいにしちゃってる子どもがいたときにも、かけ算のときのことを思い出すのが使えるかも。

明：今回の問題の話からは離れるけど、今回の「すでに学んでいることに立ち返る」って話、学校ボランティアで放課後に算数が苦手な子を教えるときにやってることと一緒だと思った。

咲希：どういうこと？

明：例えば子どもが3桁÷2桁のわり算ができなくて困ってるとき、「この問題ならできる？」って言って、3桁÷1桁や2桁÷2桁の問題に戻ってやらせてみる。で、そこでの出来具合を見て、3桁÷2桁のやり方のアドバイスをする。

咲希：あー、なるほどねえ。

セッション

5

小4算数「何倍でしょう」

セッション⑤ クロージング

　その場限りのヒントを与えるのではなく、自分（たち）で問題を解けるよう、共通の土台に立ち返らせる。この発想は、「足場かけ」（scaffolding）と呼ばれているものに通じます。
　「足場かけ」は、L. ヴィゴツキー氏の「発達の最近接領域」論をもとに発展してきた考え方。ヴィゴツキーは、自力で解決できる領域と解決できない領域との間に、他者や環境の助けがあれば解決できる領域があると考えました。そして、その他者や環境の助けがあれば解決できる領域こそが、次に解決できるようになる領域、つまり「発達の最近接領域」だというのです。例えば、テニスでまだストロークが安定しない段階のときでも、より上手な人とラリーをすると、自分もうまく打てるようになった気がすることがあります。これを続けていくと、次第に実際に上達して、相手が誰であってもより安定的にストロークを打てるようになっていきます。
　ここで他者が果たしている役割が足場かけです。建設現場で工事中は足場が必要とされるものの建物が完成すれば取り外されるように、足場かけは、学習の進展に伴って不要となっていきます（もちろん、新たな課題に対して新たな足場かけがまた必要になりますが）。また、足場かけは、人だけでなく、ちょうど自転車に乗る練習をしているときの補助輪のように、環境がその役割を果たす場合もあります。
　今回の模擬授業をめぐる話し合いは、この足場かけのやり方をめぐる話し合いでもありました。教師が一つずつ手出しをして子どもをそれに依存させてしまうのではなく、あくまで子どもが自分たちで問題解決に取り組んでいけるよう、足場を提供する。さまざまな場面に応用できる発想です。

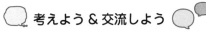

1 次の問題はどんな問題の発展として捉えられるだろうか。
  ◆次の形の体積を求めましょう。

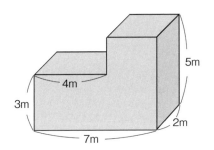

2 小3算数で、あまりのあるわり算について学習している。

> クッキーが17こあります。1ふくろに4こずつ入れると、何ふくろ
> できて何こあまりますか。

この問題に対して、ある子どもが次のように答えた。

　（式）17 ÷ 4 = 3 あまり 5
　　答え　3ふくろできて5こあまる

それに対して、別の子どもが、「違うー！　『17 ÷ 4 = 4 あまり 1』で、答えは『4ふくろできて1こあまる』！」と異議を唱えている。ここで教師が「はい、『4ふくろできて1こあまる』のほうが正解ですね」と進めてしまっては、最初の子どもが理解できないままになる恐れがあるだけでなく、後の子どももただ機械的に答えを出せたというだけにとどまる可能性がある。ここで、「共通の土台に立ち返る」という発想を活用して全員がわり算についての理解を深める機会にするためには、どのような対応が考えられるだろうか。

3　小5体育のマット運動。前転に関してはかろうじてまわって立ち上がれるものの、開脚前転では足を開いた状態で立ち上がることができない子どもがいる。開脚前転ができるようになるためには前転でどのような感覚を育てておく必要があるか、また、そのためにどんな練習が役立ちそうか、（できれば実際に運動して自分で感覚を探りながら！）考えてみよう。

渡辺恵津子『こどもといっしょにたのしくさんすう小学1～3年　―考える力を育てる学習法』『こどもといっしょにたのしくさんすう小学4～6年　―考える力を育てる学習法』一声社、2002年／2003年

　渡辺恵津子氏の実践記録。さまざまな算数の問題を子どもがどのように考えたか、それをもとにどのようにクラスで理解を深めていくことができたかが描かれています。すべての学年がとりあげられているので、学習内容の発展についても考えることができます。

坂内智之・高橋尚幸・古田直之『子どもの書く力が飛躍的に伸びる！　―学びのカリキュラム・マネジメント』学事出版、2016年

　ある学習が別の学習の土台になるという関係は、もちろん教科をまたがる形でも生じます。本書では、書くことを中心に、どのように複数教科での学習を結びつけて子どもに着実に力を身に付けさせていくか、漫画をまじえて分かりやすく説明しています。

ミニレクチャー ⑤	模擬授業 & 検討会をやってみよう

　本書では、模擬授業 & 検討会を、授業を試しに行ってみることで教師役にも子ども役にも授業づくりに関する新たな気づきをもたらすことができる場として捉え、その具体例を描いてきました。みなさんには、本書で学んできた、子ども役になって考えたり感じたりすること、それをもとに検討会で対話を行って振り返りを深めることを活用して、ぜひ自分たちでも模擬授業 & 検討会を行ってみてほしいと思います。今回はそのための手がかりを提供します。

▶ 模擬授業 & 検討会の進め方

人数　模擬授業の内容やメンバーによりますが、一般的には 6 〜 10 名程度が行いやすいでしょう。人数が少なすぎると、用いることができる学習形態の幅が狭まりますし、多すぎると、振り返りの話し合いが難しくなります（ただし、10 名を超える場合でも、振り返りの場のもち方の工夫などで対応はできます）。

役割　各回、授業者、子ども役、必要に応じて記録者（ミニレクチャー⑥参照）などの役割を割り振りましょう。

時間　模擬授業の時間として 45 分（中高であれば 50 分）という枠にこだわる必要はありません。本書の「セッション」で描いている模擬授業もそうですが、特に最初のうちは、10 〜 25 分程度の短い時間枠で行うほうが振り返りを行いやすいでしょう。なお、その場合、45 分授業の流れを圧縮してその時間で行うという発想は避けたほうが無難です。その時間枠でできること、あるいは、45 分授業を念頭に置く場合でも特に自分が試してみたい部分に絞るほうが、中身の濃いものになります。

　振り返りの話し合いのためには、模擬授業そのものと同じ〜 2 倍程度の時間は確保しておきましょう。授業者と子ども役とが対話して気づきを得るような振り返りを行うには時間が必要です。

題材　授業者が題材を選択し、事前に授業の準備を行って臨みます。

自分が今後（教育実習で／担任学級で）教える予定がある単元、関心をもっている領域の単元、どこかで見聞きして一度自分でも試してみたい単元など、いろいろな文脈での題材選択が考えられます。授業者がどんな文脈でどんな問題意識をもってその題材を選んで模擬授業を行ったのかを参加者と共有しておくことは、振り返りの話し合いを深めるためにも重要です。

> 進行　次の1〜3を1つのサイクルとして行います。

1　授業者による説明

文脈や問題意識、想定している状況（例：○年生の○○科目で「○○」についての学習は終えている）などに関する説明。模擬授業を行うのに先立って必要最小限の情報を伝えます。

2　模擬授業

授業者の意図に応じて机・椅子などをその模擬授業を行うのに適した形に組み替えて、模擬授業を始めます。本書の「試みる」に相当します。授業に慣れないうちは、学習活動にかかる時間が読めないもの。用意してきた内容が終わっていない場合でも、用意されている時間枠の時間がくれば終了ということにしてしまうのも一つのやり方です。ズルズルと時間が延長されるのを防ぐことができます。

学生同士で模擬授業を行う

3　検討会

　模擬授業の振り返りを行います。お互いの顔が見える円座の形で行うのがよいでしょう。本書の「かえりみる」「深める」「広げる」に相当します。

　もちろん、同じ題材で複数名が模擬授業を行う場合には、複数名が続けて授業を行ってからまとめて検討会を行うなど、さまざまな進行の工夫が考えられます。

▶ 学習指導案の扱い

　大学の教科教育法の授業等で行われている学生の模擬授業においては、たいていの場合、学習指導案を作成してくることが必須となっているようです。模擬授業を、実際に教室で行う授業の予行演習として位置づけ、また、計画してきた授業展開の実演を求める場として捉えるならば、学習指導案は必要になるでしょう。

　けれども、本書で見てきたように、模擬授業の可能性はそれだけにとどまりません。模擬授業を、共同での試行と振り返りによって授業づくりについて探究する場として捉えるならば、綿密な学習指導案の事前作成は必ずしも必要ではありません。場合によっては、模擬授業＆検討会の場でいくつかの学習活動のアイデアを試し、そこでの出来事と振り返りとをふまえて学習指導案を書く、といった形での位置づけ方も可能です。

　もちろん、共同での試行と振り返りによる探究の場として模擬授業を行う場合でも、振り返りの話し合いを行いやすくするために、題材選択の背景や問題意識、授業のねらい、おおよその授業の流れ等を記した簡単なメモを用意しておくことは有用かもしれません。大事なのは、学校現場で用いられている学習指導案と同じようなものを用意して模擬授業に臨まなければならないのだという思い込みから逃れて、自分たちの模擬授業＆検討会の趣旨に合わせたやり方を用いることです。

ミニレクチャー　5　模擬授業＆検討会をやってみよう

105

▶ 実験場としての模擬授業 & 検討会

模擬授業 & 検討会は、授業づくりに関する一種の実験場として用いることができます。「実際の授業で使えるかどうか分からないけれど、新しい教材を考案したから学習者の反応を見てみたい」と考えて試してみることも、あるいは、「こんな教材と進め方を目にしたけれども、どうも違和感がある。その違和感の正体をつきとめたい」と考えてそれを実際に模擬授業で行ってみて「違和感の正体」についてみんなで考え合う、といったことも可能です。

教育実習での授業や研究授業など本番の授業が想定されている場合でも、本番とまったく同じことを予行演習的に模擬授業で行う、というのとは異なるやり方があり得ます。実習先の学校では現実的制約や指導の先生の方針によりこの授業展開は行えない、けれども自分ではそれを一度やってみたい、という場合に、あえてその授業展開を模擬授業で試してみるのです。たとえそのままの形での実施は困難であったとしても、その試みを通して得られた気づきは、実際の授業展開にも反映されるはずです。

どの場合でも、先の「題材」のところでも述べたように、その模擬授業を行うにあたっての問題意識を授業者が自覚し、それを参加者と共有しておくことが重要です（あえて挑戦的な模擬授業をやってみた際に、参加者から「それは実際の授業では使えないよね…」と言われても困ります）。

なお、模擬授業というと、実際の子ども相手に授業ができない学生のための練習の場という受け止め方が一部にあるかもしれません。けれども、本書で扱っているような、教師役と子ども役それぞれの立場での出来事の体験やそこで考えたこと・感じたことの交流を大事にするような模擬授業は、すでに教室で教えられている先生方にとっても有用となるものです。授業者にとって思い切った挑戦ができるというよさに加えて、子ども役をする先生方にとっても、考える楽しさ、他者の考えと出会う楽しさなど、学び手としての感覚を取り戻すきっかけになります。また、体験をもとに「自分はこう感じた」など出し合って授業について考えていくのは、とかく、「指導する－指導される」、「評価する－評価される」といった関係や持論のぶつけ合いに陥りやすい、授業についての教師同士での話し合いの

ありようを変えていくきっかけにもなります。

こうしたタイプの模擬授業＆検討会を校内研究に取り入れている学校や、勉強会で活用している先生方のグループも存在します。先生方からは、こうした取り組みに関して、どういうところで子どもの心が動くかを自分の体験を通して知って授業づくりにつなげられることの面白さ、学習指導案を前に議論をたたかわせるのではなく「ちょっとやってみましょう」と試行を通して考えるやり方の魅力、子ども役になることがだんだんうまくなって授業を学習者の側から考えられるようになる手ごたえなどが語られています。

現場の教師も模擬授業＆検討会を通して学ぶ

▶ **模擬授業の部分で起こりがちな事態**

授業づくりに関する新たな気づきを得られるような模擬授業＆検討会にするためには、検討会での振り返りの充実が重要です。けれども、模擬授業の部分のやり方に難点があって、それが妨げられている場合があります。代表的なパターンとして3つとりあげましょう。

① **教師の役になってふるまえず、解説的な話し方をしてしまう**

授業者が、実際の学習者に向けて話すように話すのではなく、「ここで『…』と説明します」というように、自分で自分の行動を解説するようなやり方で話してしまうというものです。大人が務めている子ども役に話しかけることに照れくささを感じるからか、あるいは、ただ段取りさえ確認

できればよいと考えているからなのかもしれません。けれども、このように授業者が架空の授業の状況に飛び込まないままでは、子ども役のほうも、そこでの出来事を学習者として経験していくことができません。これでは、教師役・子ども役それぞれの立場から考えたこと・感じたことを出し合って振り返りを深めていくという強みが発揮できなくなります。もちろん、部分的に「ここは実際の教室で行うときには○○を使って行います」といったように補足を入れることはかまいませんが、基本的には、教師の役の状態でふるまうことが必要です。

② グループワークや実験の部分を「やったことにして」飛ばしてしまう

　グループワークや理科の実験など活動で時間がかかる部分を教師役が「ここはやったことにして…」と言って省略して、いきなり子ども役の発表や「まとめ」など次の段階に進むというものです。①とも共通しますが、これでは子ども役が学習活動を体験することができず、模擬授業の意味がなくなってしまいます。

　実際に子どもに行わせるのとまったく同じ進行で行う必要はありませんが（たいていの場合、大人のほうが短い時間設定で済むでしょう）、活動の中核部分は子ども役が経験できるように構成することが大切です。あるいは、その活動を共同で体験してみることに主眼を置くならば、特に「模擬授業」ということは意識せず、自分たちでその活動をもっぱら体験してみる会にする（ミニレクチャー⑦参照）のも一つのやり方です。

③ 子ども役がただ授業を受けるだけになってしまう

　模擬授業では子ども役が、実際の子どもが行うようなやり方で頭を働かせて授業を受けることが大切です。けれども、文字通り子どもと同じように授業を受けてしまうと、つまり、授業者の指示に従ってただ問題を解いたり発言したり板書を写したりするだけになってしまうと、それもまた問題です。後の検討会での振り返りのために、子ども役として授業に参加するだけでなく、自分に起きていることやその場に生じていることを俯瞰する目をもつことも大切です。

具体的には、授業のなかで気になった授業者や他の子ども役の発言やふるまいをメモしておくとよいでしょう。また、授業に参加する過程で自分が感じたことや疑問に思ったこと（「早くやってみたい」、「これまでの話とつながってない？」など）も書きとめておきましょう。これらが振り返りの際に、多様な視点からの交流のために役立ちます。

▶ 模擬授業のやり方のバリエーション

最初にオーソドックスな模擬授業のやり方を紹介しました。けれども、目的に応じて他にもいろいろな模擬授業のやり方が考えられます。2つ紹介します。

① 即興型模擬授業

その場で題材（教えるべき内容）が与えられて、ごく短い準備時間（例えば10分間）で授業内容を構想し、すぐに授業を行うという模擬授業のやり方です。初見方式ともいえるものです。

周到な準備なしで授業をすることに意味があるのかと思われるかもしれませんが、即興型には即興型のよさがあります。

例えば、以前この方式の模擬授業で、小2算数で「かけ算の導入の授業を行いなさい」という課題に当たった学生がいました。その学生は、「あめを1つずつ6人にくばります」と言って黒板にその絵を描き、「1×6」の式へとつなげていました。検討会での「どうして『1つずつ』にしたの？」という質問に、その学生は、「やっぱり、九九表の最初の1の段から始めるのがよいかと思って。計算もしやすいし」と答えました。

実はこれは、かけ算の導入としてあまりうまいやり方とは言えません。かけ算をするまでもなく全体の個数が分かってしまう「1つずつ」（1の段）では、かけ算がどういう場合に使う計算なのか、子どもたちにとってはかえって理解がしにくいでしょう。実際の教科書では、かけ算の単元は一般的に、何かが同じ数ずつある例（例えば、4つ・4つ・4つ）と個数がバラバラの例（例えば、3つ・5つ・6つ）とをとりあげて、かけ算がどんな場合に使う計算なのかを意識させるところから始まっています。

けれども、このようにまずは手がかりなしで自分で考えて即興的に模擬授業を行ってみることによって（そしてその後の検討会で質問を受けたり教科書を見たりすることによって）、この学生は、自分が、九九表の並びや計算のしやすさといった表面的なことに引きずられてしまっていたことに気づきました。そして、授業者も他の参加者も、教科書でこうした導入がなされていることの意味を、おそらくただ教科書を眺めていた場合以上に、より深く理解することになりました。

　事前の準備がないぶん、授業者がもつ素朴な授業観や教材観が如実に表れるため、その特徴や限界を自覚的に考えていきやすくなります。通常であれば「教材分析→模擬授業」という流れで考えるのに対し、「模擬授業→教材分析」という流れで取り組むものと言えるでしょう。

　同種の模擬授業の取り組みを、筑波大学附属小学校の田中博史氏が、教員志望の学生を指導する際に行っています（田中博史『子どもが変わる授業』東洋館出版社、2015年）。田中氏の場合、準備時間はまったくなし、算数の問題を授業者の学生に渡していきなり授業させます。授業者の学生にとって初見の問題で、解き方も知りません。けれどもそのほうがかえって、授業者の学生が必死になって子ども役の話を聞こうとするのだといいます。そうやって、教師が事前の準備通りに子どもをレールに乗せるのではなく、教師が子どもと一緒に授業をつくりあげていく感覚を学生に味わわせることを、田中氏はねらっているわけです。

　こうした即興型模擬授業のよいところは、授業者も他の参加者も「失敗して当たり前」と思えるところでしょう。気兼ねなく「失敗」ができるので、模擬授業での出来事をオープンに話し合い、そこから気づきを得ることも容易になります。まさに、「実験場としての模擬授業＆検討会」という特性がよく表れる形態です（なお、教員採用試験の模擬授業でも、課題を与えられてその場で考えて…と即興型と似た形式をとっているところもありますが、ここで述べたようなものとは趣旨が異なっていると考えたほうがよいでしょう）。

ユカ：「電車の発車の合図」もあり？

タケシ：「ドアが閉まります」ってやつ？

アキラ＆サキ　ペア

サキ：「情報」ってどんなのまで入るんだっけ？

アキラ：うーん、何でもありなんじゃない？

サキ：昨日新しいスマホの取扱説明書読むのに苦労したんだけど、それも「情報」かなあ。

アキラ：いいんじゃない。じゃあ「カレンダー」とかでもいっか。

梨恵子先生：はい、そうしたら、書いたものを前に持ってきてください。

　　　　書き込まれた画用紙を黒板にマグネットで貼る。

どんな情報	何を通して
テレビ番組表	新聞
雑誌の見出し	電車のつり革広告
ドアが閉まる	電車の発車の合図
サッカーの試合結果	インターネット
行き先	道路標識
渋滞情報	高速道路の電光掲示板

どんな情報	何を通して
スマホの使い方	取扱説明書
日付	カレンダー
緊急地震速報	スマホ
今日の予定	手帳
今月のこんだて	こんだて表
新製品	ダイレクトメール

梨恵子先生：いろいろ出てきましたね。（子どもたち、もう一方のペアの表を見る。）

タケシ：あ、「緊急地震速報」。昨日鳴ったところなのに忘れてた。

なで出してみましょう。ペアに分かれて考えてもらいますね。

　タケシとユカ、アキラとサキがペアになる。梨恵子先生、ペアに1枚ずつ表が書かれた画用紙と人数分のマジックを配る。

梨恵子先生：例えば、さっき出てきた例だと、こんなふうに書きます。

　画用紙を黒板に貼ってマジックで表に「アイドルグループの解散」「テレビのニュース」と書く。

身のまわりの情報について考えよう

情報　物事について人に伝えられる知らせ

どんな情報	何を通して
アイドルグループの解散	テレビのニュース

梨恵子先生：書き方は分かりましたか。（子どもたち、うなずく。）では始めてください。

タケシ＆ユカ　ペア

タケシ：じゃあまず（「何を通して」のマスに書き込もうとしながら）「新聞」。伝える情報は「テレビ番組表」。

ユカ：えーっと、そしたら私は、「電車のつり革広告」で、伝える情報が「雑誌」。

タケシ：え、雑誌って「何を通して」のほうじゃないの？

ユカ：あ、いや、今月号発売とか見出しとか。

タケシ：あぁそういうこと。

試みる

梨恵子先生

黒板に「身のまわりの情報について考えよう」と書いておく。

梨恵子先生：昨日の晩、テレビのニュースを見た人？（アキラとユカが挙手。）どんなニュースやってた？

アキラ：アイドルグループのSKAPが解散。

ユカ：週末大雨になるって。

梨恵子先生：うんうん。アイドルグループの解散や週末の天気についてテレビのニュースを通して知ったんですね。

　先生こんなの持ってきました。（ラーメン屋の半額セールのチラシを取り出して見せる。）これを通してみんなは何を知ることができる？

タケシ：ラーメンが半額になる。

サキ：12月4日と5日にする。

ユカ：全部の店でやる。

梨恵子先生：そうそう、半額セールについて、チラシを通して知ったんですね。今出てきた例のように、物事について人に伝えられる知らせのことを、「情報」といいます。（「情報　物事について人に伝えられる知らせ」と板書。）テレビのニュースは、アイドルグループ解散の情報をみんなに伝えたし、このチラシは、ラーメン屋の半額セールの情報をみんなに伝えたんですね。こんなふうに、私たちの身のまわりにはたくさんの情報があって、いろいろな伝えられ方をしています。これからその勉強をしていきたいと思います。

　まず、私たちの身のまわりにどんな情報があって、どんな伝えられ方をしているか、みん

どんな情報	何を通して

セッション6 小5社会「身のまわりの情報」

▶▶ 課題

情報産業や情報化した社会の様子について学ぶ単元の導入として、身のまわりの情報に目を向けさせる授業を行いなさい。

学習指導要領（2017年公示版）

□社会　第5学年「内容」より
(4) 我が国の産業と情報との関わりについて、学習の問題を追究・解決する活動を通して、次の事項を身に付けることができるよう指導する。
　ア　次のような知識及び技能を身に付けること。
　　(ア) 放送、新聞などの産業は、国民生活に大きな影響を及ぼしていることを理解すること。
　　(イ) 大量の情報や情報通信技術の活用は、様々な産業を発展させ、国民生活を向上させていることを理解すること。
　　(ウ) 聞き取り調査をしたり映像や新聞などの各種資料で調べたりして、まとめること。
　イ　次のような思考力、判断力、表現力等を身に付けること。
　　(ア) 情報を集め発信するまでの工夫や努力などに着目して、放送、新聞などの産業の様子を捉え、それらの産業が国民生活に果たす役割を考え、表現すること。
　　(イ) 情報の種類、情報の活用の仕方などに着目して、産業における情報活用の現状を捉え、情報を生かして発展する産業が国民生活に果たす役割を考え、表現すること。

② 条件付き模擬授業

　学習形態や教材・教具などに関して授業者が自由に選択できるのではなく何らかの条件を課せられて（「ペアワークを入れる」、「写真を使う」、「電子黒板を活用する」、「2名で授業をする」など）授業を組み立てるというやり方です。

　自分で自由に授業を組み立てる場合、もともと自分の頭のなかにある「○○の授業はこういうもの」という固定的なイメージから抜け出すのが難しくなります。また、教師用指導書などに沿った「安全な」展開にしてしまうことにもなりがちです。その際、条件が与えられ制約を課せられることで、かえって、そうした殻を破る試みが行いやすくなります。

　奈良教育大学の赤沢早人氏が取り組む「学習活動カード」を用いた模擬授業はその一例です。「記録する」「分析する」「選択する」「観察する」「予想する」「歌で表現する」「図で表現する」など、多種多様な学習活動が、「学習活動カード」1枚につき1つずつ書かれています。学生は、カードの山から3枚引き、そのカードに書かれた学習活動を必ず使って模擬授業を行わなければなりません。普段は想定しないような教科内容と学習活動との組み合わせの活かし方を強制的に考えざるを得なくなり、創造性が発揮されます（制約の存在が創造性の発揮につながるというのは、セッション④でとりあげたポイントと同様です）。

　条件付き模擬授業も、先の即興型模擬授業と同様、授業を「うまく」行うことが目的とはなりません。さまざまな可能性を試し「失敗」をしながら授業づくりの幅を拡張すること。これもまた「実験場としての模擬授業＆検討会」です。

　次回のミニレクチャーでは、模擬授業の検討会を充実させるための方策について扱います。

ミニレクチャー **5** 模擬授業＆検討会をやってみよう

111

サキ：「電車の発車の合図」かあ。じゃあ、行き先のアナウンスもありだね。

タケシ：「○○行きは○番線ホームから発車します」ってやつかあ。

梨恵子先生：はい、いろいろ考えられますね。
　　では、こんなのはどうでしょう。（写真を見せる。）このなかにはどんな情報がありますか。

U-taka / PIXTA

アキラ：あ、点字ブロック。

梨恵子先生：点字ブロックはどんな情報を伝えているでしょう。

アキラ：行き先？

ユカ：これ以上行ったら危ないとか。

梨恵子先生：そうですね。視覚障害の人に行き先などの情報を伝えていますね。こんなふうに、私たちの身のまわりにはいろいろな情報がありますね。これから情報について勉強していきましょう。

かえりみる

咲希：面白かったー。

由香：なんか、自分たちのまわりにどんな情報があるかって考えるの、楽しかったね。

梨恵子（授業者）：ありがとう！　よかったー。

武史：多分、いきなり「身のまわりの情報を探してみましょう」って言われても困ったと思うけど、最初にテレビのニュースの例とかチラシの例とかを出してもらったから、イメージがつかめた。

咲希：うんうん。ニュースのほうは「いかにも情報」って感じだけど、チラシのほうは「それも情報かあ」って感じで、分かりやすかった。

明：あと、ペアで考えるの、話しやすかった。全体で話すより気楽に話せて。

咲希：そうそう、相手が言ったことにパッと聞き返したりできるし。

由香：画用紙がペアに1枚ってのもよかったのかも。これが1人1枚だったら、「ペアで」って言われても、黙々と1人でやっちゃいそうな気がする。（笑）

武史：相談しながらだったら、いろいろアイデア出てくるしね。

梨恵子（授業者）：1人1枚ずつワークシート配って各自で書いてもらって発表と交流という流れにするか、どっちにするか迷ったんだけどね。話しやすかったならうれしい。

明：でも今回はけっこういろいろアイデア出てきたけど、もしなかなか出てこないようだったらどうする？

咲希：たしかに。実際、私たちのほうは最初ちょっとにぶかったし。

梨恵子（授業者）：うーん。なかなか出てこないようだったら、「家のなかにはどんなのあるかな？」とか「駅には？」「コンビニには？」とかヒント出そうかと思ってたんだけどね。

咲希：写真もあったりするといいかも。

由香：気になったところなんだけど、身のまわりの情報、せっかくいろいろアイデア出てきたんだけど、なんか、出しっぱなしで終わっちゃった感じがした。

明：あぁ、先生、「いろいろ出てきましたね」とか「いろいろ考えられますね」とか言ってたけど、「いろいろ」でまとめられちゃってたよなあ。

梨恵子（授業者）：あ、バレてる。（笑）アイデア出してもらうための方法はいろいろ考えてたんだけど、いざ出てきたら、どうしたらよいか分からなくなっちゃった…。

武史：身のまわりからいろんな情報を見つけて発表するだけでも楽しかったけど、そこから先の展開が何かあるのかなって期待しちゃうなあ。

明：「カレンダー」を通して「日付」を伝えるというのも、結局、「情報」に入るのか気になった。

咲希：最後の点字ブロックはなんで出したの？

梨恵子（授業者）：えっと、正直言うと、資料集に写真が載ってたから。

咲希：そういうことか。（笑）

由香：でも、目が見えない人に役立つ情報もあるってことに気づかせるのにはいいんじゃない？

武史：そうだねえ。ただやっぱり、「情報はいろいろある」ってだけで終わっちゃうともったいない気がする。

咲希：けれど、そこから先をどうするか考えるのって難しいよねえ。どうやって発展のさせ方を考えたらよいのかなあ。

ここからどんなふうに深められるかなあ

深める

梨恵子先生の授業、いろいろな考えを出し合える、学習者にとって楽しい授業だったようです。一方、そこから一歩先に進むにはどうしたらよいか、ということが課題になっているようです。さて、この授業と話し合いから、さらにどのように振り返りを深めることができるでしょうか。

① 自分が特に面白さや発展の可能性を感じる意見はどれだろう

　梨恵子先生の授業、身近な具体例を用いた導入やペア学習の活用によって、学習者から考えをうまく引き出していますね。けれども、そうして出てきた考えに対しては、「いざ出てきたら、どうしたらよいか分からなくなっちゃった」（梨恵子）と、扱いあぐねています。学習者側にしても、「出しっぱなしで終わっちゃった感じ」（由香）と不完全燃焼感があったようです。また、「そこから先の展開が何かあるのかなって期待しちゃう」（武史）という欲求もあるようです。

　この「意見を出させっぱなしで終わる」という問題も、教育実習生や経験が浅い教師に起こりがちです。「意見がたくさん出るのがよい授業」という思い込みがあって、意見を出させることがゴールになってしまうのかもしれません。

　とはいえ、学習者から出てきたさまざまな意見にその場でパッと対応するのは難しいもの。まずは、模擬授業を終えた後でよいので、出てきた意見を見直して、自分が特に面白さや発展の可能性を感じるものはないか、考えてみましょう。そして、もしそうしたものがあったならば、なぜそれに面白さや発展の可能性を感じるのか、考えてみましょう。

　自分が面白さや発展の可能性を感じる意見が見えてくれば、次に、それを学習者とも共有していくためにどのような問いを投げかけたらよいかを

考えることができます。

このように学習者の意見に対して教師自身が頭を働かせることが、「出させっぱなし」を改善していくための第一歩です。この作業によって、この授業で自分が何を大事にしようとしているかも浮かびあがってきます。

② この授業は単元のなかでどのように位置づくものだろう

面白さや発展の可能性を考える際に、あわせてもっておいてほしい視点があります。それは、この授業は単元のなかでどのように位置づくものだろうか、という視点です。

教育実習生や経験が浅い教師はしばしば、力を入れて取り組むその授業（研究授業など）のみに意識が向いて、単元のなかでのその授業の位置づけが頭から抜け落ちてしまいがちです。けれども、授業というのはほとんどの場合、複数回で一つのまとまり（単元）を形成するもの。ある回の授業の発展の方向性を考えるためには、単元全体への意識が不可欠となります。

今回の授業は、「情報産業や情報化した社会の様子について学ぶ単元の導入」という位置づけでした。それでは、単元のその後の展開まで視野に入れると、この授業はどんな役割を担うことになるでしょうか。その役割をよりよく果たすためにはどんな展開にすればよいでしょうか。

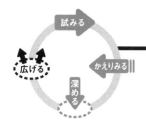

広げる

① 自分が特に面白さや発展の可能性を感じる意見はどれだろう を受けて

咲希：梨恵子は「面白いな」とか「発展させられそう」とか思った意見ある？

梨恵子（授業者）：えっと、「今月のこんだて」を「こんだて表」を通して伝える、ってやつかな。

咲希：なんで？

梨恵子（授業者）：「新聞」みたいに多くの人に伝えられるのとか、ハイテク技術って感じの「インターネット」や「スマホ」は出てくるかなって想像してたけど、すごく身近な「こんだて表」みたいなのは想像してなかった。

由香：「こんだて表」って学校の教室の前に貼ってあったりするやつだよねえ。今日の給食何だったかなって子どもが見にくる。

明：そうそう。学校ボランティアで行ってる教室に貼ってあって。

咲希：これって何かに発展させられるのかな。

武史：ん？ 今梨恵子が言ったのって、大事なポイントなんじゃない？ ほら、「新聞」は多くの人に対して情報を伝えるけれど、「こんだて表」は学校のなかの人っていう限られた人たちにしか伝えない。

梨恵子（授業者）：そっか、だから「新聞」はマスメディアなんだ！

明：じゃあ２つを対比させれば、「新聞」みたいなマスメディアの特性を考えさせることができるかも。

咲希：もし子どものなかから「学級通信」とか「保健だより」みたいな意見も出てきてたなら、こんなふうにも言えるんじゃない？

　家に配達されたりお店で買ったりできる「新聞」や「雑誌」も、学校

で配られる「こんだて表」や「学級通信」や「保健だより」も、紙で情報を伝えるという点、定期的に出されるという点では同じですね。けれども、違いもあると思うんだけど、どこに違いがあると思う？

梨恵子（授業者）：あぁ、よさそう！　同じ点と違う点、両方考えさせるのもありかも。

由香：私、自分たちのペアで出てきたのなんだけど、「道路標識」と「高速道路の電光掲示板」っていうのが面白いなって思った。

明：なんで？

由香：どっちも道路にあって、車を運転してるときに役に立つものじゃない。けれど、行き先を示す「道路標識」はペンキで塗ってあって書いてある内容が変わらないけど、渋滞情報なんかを示す「電光掲示板」のほうは映し出される内容が変わる。

明：そっか！　じゃあ、なんで2種類あるんだろうとか、どう役割が違うんだろうとか、「電光掲示板」の情報は誰がどうやって配信してるんだろうとか、いろんな問いにつながる！

由香：そうそう。

咲希：面白いね。

武史：写真で出してた「点字ブロック」も何かにつなげられるんじゃない？

梨恵子（授業者）：えっと、視覚障害の人に行き先の情報を伝えているわけだから…。「自分には直接役立たなくても他の人には役立つ情報がある」ってこととか。

明：あ、それってさあ、この例を出して「情報には伝える相手がいる」ってことを子どもたちに意識させてから、今まで出てきている例に対しても、「その情報を誰に伝えようとしているか」を考えさせるってのもいいんじゃない？　こんな感じ。

「点字ブロック」は視覚障害のある人に行き先の情報を伝えるものでしたね。こんなふうに、情報には、伝えようとする相手がいます。み

んなが出してくれたものは、情報をどんな相手に伝えようとしているのか、考えてみましょう。

咲希：いいねえ。

武史：えーっと、「テレビ番組表－新聞」だと、「テレビで何を放送しているか知りたい人」かあ。

由香：「ドアが閉まる－電車の発車の合図」は、「電車に乗った人とか乗ろうとしている人」。

明：「緊急地震速報－スマホ」は、「その地震による被害が起こるかもしれない地域にいる人」ってことになるかな。

咲希：うんうん。しかも、「伝えたい相手によって伝え方が違う」ってことを考えさせるのにもつながる。視覚障害の人に行き先を伝えるためには、「電光掲示板」みたいなのではダメで、「点字ブロック」とか音声でのアナウンスが必要になるわけだし。

武史：たしかに。「ドアが閉まる」って情報を「新聞」で伝えられても意味がない。（笑）

梨恵子（授業者）：じゃあ、「情報をその相手に伝えるために、どうしてそのような伝え方を使っているのでしょう。理由を考えて書き込みましょう」とかしたらいいかな。

咲希：うん、けっこう頭使いそう。

② この授業は単元のなかでどのように位置づくものだろう を受けて

由香：でも、こうやって考えていくと、いくらでも発展の可能性や子どもに考えさせたい内容が出てきて、収拾つかなくなりそう。

咲希：だから単元における位置づけが大事になってくるんじゃない？

由香：あ、そっか。

武史：今回のは、「情報産業や情報化した社会の様子について学ぶ単元の導入」ってことになってたけど。

梨恵子（授業者）：うん、授業の準備をするときも、「導入」ってことは頭にあって、単元の最初だから、身のまわりにいろんな情報があることに気づかせて興味もってもらうってことまでは意識してたんだけどね。けれど、具体的に単元のこの後の展開とどんなふうにつながるかってことは考えられてなかった。

咲希：えっと、教科書ではこの後どうなってるんだっけ？

　　　各社の社会科教科書を持ってきて、みんなで読む。

明：そっか、導入の後、だいたいどの教科書でも、テレビのニュース番組とか新聞とかのマスメディアの話、図書館とか病院とかの情報ネットワークの話、情報の活用の仕方といったメディアリテラシーの話が続いてるんだ。

武史：じゃあやっぱり、さっきの話でも出たように、多くの人に対して情報を伝える「マスメディア」の存在を意識させとくのって大事なんじゃない？

由香：うんうん。

梨恵子（授業者）：どうやって意識させられるかな？

武史：さっき例に出したみたいに、「マスメディア」に入りそうなものとそうでないものとを先生がいくつかとりあげて、違いを考えさせてもいいし…。

由香：今回は画用紙でまとめて発表だったけど、もし子どもが１つずつ発表して先生が板書していくようなやり方だったら、先生が場所を分けて書いておくってやり方もあるよね。

咲希：そっか、最初から単元のこの先の展開への見通しをもってたら、そういうやり方も可能なんだ。

武史：子どもに自分たちで分類の仕方を考えてもらうのもいいかも。

明：「情報ネットワーク」のほうも、「高速道路の電光掲示板」とかそれに当たるものだよねえ。

梨恵子（授業者）：そっか、じゃあこれも、「道路標識」と「高速道路の電光掲示板」を対比させてそこから疑問を考えることが、後々行う「情報ネットワーク」の学習につながるんだ。そして、「高速道路の電光掲示

板では、各地から交通や道路の状態の情報を集めて運転手にとって必要な情報へと処理したものを映し出しています。こんなふうに離れた場所と情報をやりとりして情報を活用する仕組みを『情報ネットワーク』と言います。この単元では、こうした『情報ネットワーク』の学習も行います」みたいに予告しとくことができる。

武史：おぉ、すごい！

咲希：でも子どもから出てきた意見をいきなりその場で拾って今みたいにうまく結びつけるのって難しそう…。

明：たしかにそうだけど、でも、先に単元における位置づけを考えて、この時間の内容をどんなふうに単元の学習内容とつなげられそうなのかを最初から意識しておけば、だいぶ違ってくるんじゃない？

由香：それに、ほら、この時間でそこまでしなくても、この後「情報ネットワーク」の小単元に入ったときに、「みんな、最初の時間にやったこと覚えてるかな？ 『身のまわりの情報』をみんなで考えたときに、『高速道路の電光掲示板』っていうのが出てたよね」みたいにして、後の授業で活用するっていうのでもいいんじゃない？

明、咲希、武史、梨恵子（授業者）：そっかー。

咲希：だからあえてこの時間では、「身のまわりの情報」をひたすらいっぱい、いろんな種類のを出す、ということに絞ってもいいのかも。

武史：あぁ、そういうことも単元全体を意識することで判断できるようになるんだ。

セッション ⑥ クロージング

　今回は、「出させっぱなし」の問題がテーマになっていました。もちろん、意見を出す機会があることは大切ですし、意見を先生に聞いてもらえるというだけでも子どもにとってうれしいものです。けれども、「出して終わり」という経験が繰り返されると、子どもの側もだんだん意見を出す気持ちが失せていく恐れがあります。

　とはいえ、経験が浅い教師にとって、子どもから出てくる多様な意見をその場で扱うのは難しいもの。「扱いきれず収拾が付かなくなったらどうしよう」と恐怖心を抱いて、逆に、多様な意見を引き出すような活動自体を避けたくさえなるかもしれません。しかし、それでは本末転倒です。

　それでは、どのようにそのような場面に臨めばよいのでしょうか。3つ、手がかりを挙げておきましょう。

　1つめ。基本的なことですが、子どもからどんな意見が出てきそうか、事前に予想しましょう。その際、教師にとって都合がよいもの（教師が出してほしいと望むもの）だけでなく、子どもが考えそうなものを想像することが必要です。

　2つめ。それを他の人と一緒に行って、いろいろな意見のアイデアを出しましょう。そして、そうして出てきたものをどのように意味付けられそうか、そこからどんな問いがつくれそうか、考えを出し合いましょう。ちょうど今回の模擬授業＆検討会のような作業が有効です。

　3つめ。実際の授業中でも立ち止まって考えることを恐れないようにしましょう。発表の場面で子どもから多様な意見が集まった際に、教師は必ずしも瞬発的にそれに応えなければならないわけではありません。多様な意見が集まった黒板を前に、「ちょっと待ってね」「一緒に見てみよっか」などと言って、一呼吸置いて考えればよいのです。教師自身がそのように考える姿を示すことは、子どもたちにとってもモデルとなり、「意見は出して終わりではなくそこからさらに発展しうるもの」というメッセージを伝えることになります。

考えよう＆交流しよう

1. 誰かと一緒に、今回の授業で扱われていた「身のまわりの情報」に関して、どんなものがあるかできるだけたくさん出してみよう。そして、出てきたものから、自分が面白さや発展の可能性を感じるものはどれかを考えて、その後の学習への結びつけ方や活動のアイデアなどを交流しよう。

2. 小4国語で「いろいろな意味をもつ言葉」の学習をしている。いろいろな意味の「ひく」を集めさせたところ、次のようなものが出てきた。

かぜをひく　　　　　　　　ピアノをひく

辞書をひく　　　　　　　　そりをひく

つなをひく　　　　　　　　5から3をひく

じょうぎで線をひく　　　　手をひく

さむいギャグにひく　　　　のこぎりをひく

あなたが面白さを感じるものはどれだろうか。これらをもとにどのように学習を発展させられる可能性があるだろうか。考えてみよう。

3. 小5国語で「物語文と説明文の違いについて考えてみよう」という活動を行ったところ、次のような対比が出された。

物語文	説明文
登場人物がいる	登場人物がいない
楽しい	まじめ
空想	現実
会話文がある	会話文がない
入りこめる	入りこめない
さし絵がある	図や表がある
動物がしゃべる	動物がしゃべらない
面白い	つまらない
起承転結	はじめ・なか・おわり
書き手の考えが書かれていない	書き手の考えが書かれている

あなたが面白さを感じるものはどれだろうか。また、この活動をどんな位置づけで行う場合にどんな発展のさせ方があるか、考えてみよう。

ダン・ロスステイン、ルース・サンタナ著、吉田新一郎訳『たった一つを変えるだけ ―クラスも教師も自立する「質問づくり」』新評論、2015 年

　教師が「発問」をして子どもの考えを引き出すのとは異なる、子どもたち自身による「質問づくり」の意義とそのための具体的な手順について示した本。授業づくりの多様な可能性を探る手がかりとなります。

金森俊朗『太陽の学校』教育史料出版会、1988 年

　生活教育の実践家として著名な金森俊朗氏の実践記録。「地蔵のなぞをさぐる」では、子どもたちが 1 枚の写真から触発されて教室の外にも飛び出してダイナミックな探究活動を展開しています。好奇心に突き動かされた子どもたちの学びの強さと深さを知ることができます。

石井順治『教師の話し方・聴き方 ―ことばが届く、つながりが生まれる』ぎょうせい、2010 年

　子どもが互いの発言を聴き合って学べるようになるためには、教師自身がそうした聴き方をできていなければなりません。小学校教師としてそうした聴き方を実践して、子どもと子どもの間の、子どもとテクストの間の「つながり」を生み出してきた著者による、実践的な手引きです。

ミニレクチャー ⑥	検討会の深め方

　検討会でいかにその模擬授業から学びを引き出すような話し合い（時には新たなアイデアの試行も）をできるかが、模擬授業＆検討会の活動の要です。たとえ模擬授業そのものが授業者から見て「失敗」と感じるものであっても（むしろ「失敗」と感じるようなものだからこそ）、そこから引き出せる学びは必ずあります。今回はそのための手がかりを扱います。

▶ 授業への「評価」や「助言」から話を始めない

　模擬授業の検討会が、授業者と子ども役が感じたこと・考えたことを交流して授業づくりに関する気づきを得る場であると理解しているつもりでも、つい授業の振り返りを「よかった点」「改善したほうがよい点」といったことから始めてしまいがちです。授業の良し悪しを論評して改善策を出し合うのが授業の検討会であるという強固な思い込みが存在します。

　けれども、「よかった点」「改善したほうがよい点」をいきなり出し合うようなやり方では、各々がもともともっている枠組みに基づいた良し悪しの判定や助言しか出てこなくなります。また、それぞれが「よい」と考えるものを主張し合うことによって、参加者間の不毛な対立も起こりやすくなります。

　そうではなく、まず必要なのは、授業者と子ども役とがそれぞれ経験したこと、考えたり感じたりしたことを気軽に出し合うことです。授業者であれば、その模擬授業を行ってみて、どこで手ごたえを得たり困難を感じたりしたのか、子ども役のふるまいをどう受け止めたのかなど、子ども役であれば、授業中自分はどう考えたのか、何に興味をかきたてられたり何に戸惑ったりしたのかなど、それぞれの立場から自分に起こったことを語りましょう。そして、それらをもとに、そこにどんな問題が生じているのかを掘り下げましょう。ちょうど、「セッション」における「かえりみる」と「深める」の段階、コルトハーヘン氏の ALACT モデルにおける第 2 局面「行為の振り返り」と第 3 局面「本質的な諸相への気づき」の段階

（ミニレクチャー②参照）に当たります。

　自分が模擬授業中に行ったり感じたり考えたりしたことを気軽に出し合うというのは、慣れるまでは案外難しいものです。つい、「○○で○○だから○○がよい」というような、まとまった意見を言おうとしてしまいがちです（そうした「立派な」意見を言うことが教師の力の現れなのだという思い込みがあるようです）。けれども、それをすると、互いの発言がつながりにくくなり、話し合いの深まりが生じにくくなります。

　まずは素朴なコメントをざっくばらんに出し合うことが重要です（質より量！）。他の子ども役の「自分は○○のところで○○と感じた」に触発されて「自分はそこで△△と感じた」と続けるなどして発言の連鎖を生み出すこと、「○○はどうだった？」「どういうこと？」など互いの話を引き出し合うことなどが助けとなります。

　検討会では、授業者から話し始めるやり方が一般的には多い（「授業者自評」のように）ようですが、授業者による「○○ができなかった」といった「反省」や「○○だったので」といった「言い訳」が先立ってしまう例も見られます。そうした場合、本書の「かえりみる」でもしばしば行われているように、先に子ども役の側から感じたことを気軽に出し合うのも一つです。

　検討会は、参加者間の「対決」の場ではありません。持論を互いに主張して授業のやり方の「正解」を決める場でもありません。授業で起きたことをもとに対話して授業づくりのうえでの論点を浮かびあがらせ、どのように思考して授業を組み立てたり実践したりすればよいのかという授業づくりの考え方を、参加者がみなフラットな関係で学び合う。検討会に臨むうえでその姿勢が必要です。

▶ 検討会のコツとツール

　検討会でより深い振り返りを行うために役立つコツやツールを紹介します。

①板書を残しておく

　黒板には授業の痕跡が残っています。それらは、授業の具体的な事実に

基づいて振り返りを行うために有用です。「授業がうまくいかなかった」と感じるときほど授業者は板書を消してしまいたくなりますが、それを消さずに残しておきましょう。

②個人やグループで記入したワークシートなどを出して見合う

　授業中作成されたワークシートやメモや付箋などを一覧できるように黒板に貼り出したりテーブルの上に並べたりして、お互いがどのように作業をしていたのか見合いましょう。そこからそれぞれの思考を読み取ったり、記述内容の微妙な違いに気づけるようになったりすることは大切です。

他の学習者は何を書いていたのだろう？　床に並べて互いのを見合う

③記録者がとった授業の出来事の記録を活用する

　模擬授業、授業者、子ども役とは別に、授業での出来事を記録する記録者を設けておくのも一つのやり方です。時間・教師の言動・子どもの言動の3列を設けて記録するのが一般的です。その場の雰囲気など（「ここで笑いが起こる」、「ムードが沈滞」など）も書きとめておきましょう。「（子ども役の）半分はすぐに作業にとりかかるが、半分は困惑気味」など、全体を俯瞰した見取りができるのは記録者の強みです。

　検討会時に記録のコピーを配布したり拡大コピーを掲示したりすること

で、授業の流れを可視化・共有し、話し合いにおいて役立てることもできます。

　もっとも、先に述べたように、検討会では、参加者それぞれが自分が経験したことをざっくばらんに出し合うのが大切です。記録者が特権的な立場で授業の「事実」を提示する存在になってそれを妨げるようなことになっては、かえって逆効果です。記録者による記録も、あくまでも、全体を俯瞰する立場から見た一つの見え方にしかすぎません。検討会では、授業の流れを眺める一つの手がかりとして活用するようにしましょう。

④コルトハーヘンの「具体化のための質問」を活用する

　コルトハーヘン氏は、ALACT モデルの第 2 局面「行為の振り返り」から第 3 局面「本質的な諸相への気づき」に向かう際の援助方法の一つとして、下のような「具体化のための質問」を挙げています。実践の文脈を意識しながら、教師と子どもそれぞれの立場から、望んだこと・したこと・考えたこと・感じたことという 4 つの層にわたって考えるというものです。本書で述べてきた内容と重ねると、「考えたこと」はミニレクチャー③で扱った子ども役の思考、「感じたこと」はミニレクチャー④で扱った子ども役の感情に対応します。通常であれば「子ども」の列は外から観察したものをもとにしか出せないところ、模擬授業の検討会の場合には、当人らが直接語ることができます。

具体化のための質問

文脈はどのようなものだったか？		
	教師	子ども
Want　望む	教師は何をしたかったのか？	子どもは何をしたかったのか？
Do　する	教師は何をしたのか？	子どもは何をしたのか？
Think　考える	教師は何を考えていたのか？	子どもは何を考えていたのか？
Feel　感じる	教師はどう感じていたのか？	子どもはどう感じていたのか？

フレット・コルトハーヘン編著、武田信子監訳『教師教育学　―理論と実践をつなぐリアリスティック・アプローチ』学文社、2010 年、p. 136（一部改）

この表を用いることで、振り返りのなかで抜け落ちていた部分を意識化したり（例1）、4つの層の間や教師と子どもの間にあるズレを浮かびあがらせたりして（例2）、振り返りを深めるのに役立てることができます。

例1

	教師	子ども
Do	子どもに○○をするよう指示	○○の作業を行っている
Feel	ほっとしている	

ここは？　子どもはどう感じていた？

例2

	教師	子ども
Want	子どもに試行錯誤してほしい	
Do	子どもが間違ったやり方をしたらすぐに手を出してしまう	時々間違ったやり方をする
Think		先生の言う通りやっておけば間違いない

ズレ　ズレ

ただし、検討会において、このマス目を順々に埋めていくような形での進行はかえって話し合いの硬直化を招きかねません。表の存在を意識しながらも、参加者が自由に話し合って一人がホワイトボード上に区分けして書き出していき、それを見ながらさらに話し合いを進めるといったゆるやかな使い方がよいでしょう。

134

「具体化のための質問」の枠組みを板書に用いた模擬授業検討会

▶ 模擬授業 & 検討会を続ける

　検討会は、最初からうまくできるわけではありません。感想を言い合っただけで終わって振り返りが深まらない場合、授業者の思惑とずれた話し合いになって欲求不満を感じる場合もあるでしょう。けれども、授業そのものがそうであるのと同様に、検討会も、「なぜうまくいった／いかなかったのだろう」など問題意識をもちながら繰り返し行ううちに、よりよい検討会を行えるようになっていきます。

　なお、ミニレクチャー⑤⑥で示してきた模擬授業 & 検討会のやり方は、あくまでも手がかりにしかすぎません。模擬授業 & 検討会のやり方に関して、これまた授業づくりと同様、「こうすればうまくいく」という「正

解」があるわけではないのです。自分たちが何を目指すのかを考えて、それに適したやり方を工夫していきましょう。

　授業づくりも模擬授業＆検討会の運営も、どちらも、よりよく学べるための場づくりという点では共通しています。したがって、自分たちがよりよく学べる模擬授業＆検討会をつくろうとする過程で培われる感覚は、子どもがよりよく学べる授業をつくるうえでも役に立つことになるはずです。

　最後に、模擬授業＆検討会を続けるうえで大事な指針を一つ。

　検討会ではどうしても、授業者や子ども役から見て「うまくいかなかった」と感じる部分が話し合いの中心になりがちです。けれども、その逆の部分、授業者にとって「手ごたえがあった」と感じたり、子ども役にとって「ワクワクした」と感じたりした部分もとりあげて、そこで経験した内容を交流したり、それがどうやって生じたのかを話し合ったりもしましょう。「全体的によかった」といった漠然とした感想や通り一遍の「ほめ言葉」ではなく、自分が経験したことを具体的に話すのです。そうした話をするのは、授業者にも他の参加者にも楽しいもの。その楽しさが、「またチャレンジしよう」という次へのモチベーションを生み出します。

　ポジティブな側面に光を当てることの意義は、近年心理学の分野でも注目されています（マーティン・セリグマン著、宇野カオリ訳『ポジティブ心理学の挑戦　─"幸福"から"持続的幸福"へ』ディスカヴァー・トゥエンティワン、2014年）。模擬授業では、ただでさえ授業者は「全然ダメだったんじゃないか」、「厳しく言われるんじゃないか」などと不安を抱えがち。授業者が「やってよかった」と思えるような終わり方をすることは、模擬授業＆検討会の活動を長続きさせるうえで大切です。

小4国語「話し合い」

▶▶ 課題

話し合いのルールを意識してよりよい話し合いをすることについて学ぶ授業を行いなさい。

学習指導要領（2017年公示版）

□国語　第3学年及び第4学年「内容」「A　話すこと・聞くこと」より
(1) 話すこと・聞くことに関する次の事項を身に付けることができるよう指導する。
　ア　目的を意識して、日常生活の中から話題を決め、集めた材料を比較したり分類したりして、伝え合うために必要な事柄を選ぶこと。
　イ　相手に伝わるように、理由や事例などを挙げながら、話の中心が明確になるよう話の構成を考えること。
　ウ　話の中心や話す場面を意識して、言葉の抑揚や強弱、間の取り方などを工夫すること。
　エ　必要なことを記録したり質問したりしながら聞き、話し手が伝えたいことや自分が聞きたいことの中心を捉え、自分の考えをもつこと。
　オ　目的や進め方を確認し、司会などの役割を果たしながら話し合い、互いの意見の共通点や相違点に着目して、考えをまとめること。
(2) (1) に示す事項については、例えば、次のような言語活動を通して指導するものとする。
　ア　説明や報告など調べたことを話したり、それらを聞いたりする活動。
　イ　質問するなどして情報を集めたり、それらを発表したりする活動。
　ウ　互いの考えを伝えるなどして、グループや学級全体で話し合う活動。

試みる

明先生

明先生：今日の授業では、みんなの頭をやわらかくして考えてもらいたいと思います。今日のめあてはこれです。
　　　黒板に短冊を貼る（A）。グレーの四角部分は紙を貼って隠してある。

明先生：「話し合いのルールに注意しながら、○○を考えよう」。で、この隠してある部分に何が入るかっていうと…。まずこれを見てください。
　　　折りたたんだ紙を黒板に貼り、一行ずつ開いて見せながら読んでいく（B）。

明先生：すきじゃないわ／きらいよ／でーとなんて／するもんですか。
　　　何か気づいたことはありますか？

ユカ：「でーと」がひらがなで書いてある？

サキ：あ、「すきです」！

タケシ：えっ？

リエコ：最初の文字を横に読んだら「すきです」になってる。

タケシ：ほんとだ。

明先生：よく見破りました！（各行最初の「す」「き」「で」「す」を○で囲む。）こんなふうに、行の最初の文字をつなげて読むと何か言葉が浮かびあがってくるものを、「あいうえお作文」とか「アクロスティック」とか言ったりします。
　　　で、今のは詩人の谷川俊太郎さんがつくったものだったんですが、先生も、「あいうえお」になるようにつくってみました。
　　　紙に書いたものを一行ずつめくりながら読ん

A
めあて　話し合いのルールに注意しながら　　　　　　　　を考えよう。

B
すきじゃないわ
きらいよ
でーとなんて
するもんですか

C
あしをすべらせて
いちばん
うえの
えだから
おっこちました

でいく（C）。

明先生：あしをすべらせて／いちばん／うえの／えだから／おっこちました。（子どもたち、「おーっ」という声と笑い。）

タケシ：痛そう…。

ユカ：え、これ、実話？

明先生：半分実話です。子どもの頃の。一番上の枝ではなかったけど。（笑）

　　さて、今日はこのあいうえお作文をみんなで話し合いをしながら考えてもらおうと思います。（短冊の上に貼っていた紙をはがして読む。）「話し合いのルールに注意しながら、あいうえお作文を考えよう」。

　　みんなにはよい話し合いをしてもらいたいんですけど、よい話し合いはどうすればできるか、最初に考えてもらおうと思います。話し合いのときに気をつけたいことにはどんなことがありますか。じゃあまずは、話し手として気をつけたいことから出してください。（黒板に「話し手」という短冊を貼る。）

ユカ：はきはき話す。（明先生、黒板に書く。以下同様。）

サキ：目を見て話す。

タケシ：一人でしゃべり続けない。

リエコ：分かりやすく話す。

明先生：これくらいですか？　じゃあ次は、聞き手として気をつけること。（黒板に「聞き手」という短冊を貼る。）

サキ：目を見て聞く。（笑）

ユカ：あいづちをうつ。

タケシ：否定しない。

リエコ：分からなかったら質問する。

明先生：だいたい出せたかな。ちょっと多いよね。みなさん、心のなかでどれか一つ、自分が守りたいものを決めてください。そのことに気をつけながら話し合いをやってもらおうと思います。

　　それでは、グループに分かれて、と言っても今日は２人組が２つになっちゃうんですが、分かれて話し合ってもらいます。それぞれにこの

139

ミニホワイトボード（※A3サイズ）を配るので、話し合いのときに使って、後で発表するときにもこれで発表してください。
　それで、今日みんなにつくってもらいたいのは、これです。（黒板に書きながら）わ・た・あ・め。最初の字を読んでいったら「わ・た・あ・め」になるように、あいうえお作文をつくってください。ではどうぞ。
　サキ＆ユカのペアとタケシ＆リエコのペアに分かれ、ミニホワイトボードを受け取って、話し合いを始める。

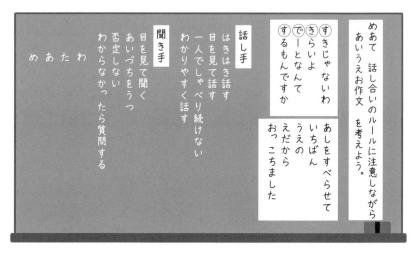

サキ＆ユカ　ペア
　縦長に置いたミニホワイトボードの上に右から順に「わ」「た」「あ」「め」と書く。出てきたアイデアをそのたびに書き加えながら話し合いを進めていく。
ユカ：わ。わいわい。
サキ：た。たのしく。あ。…あそんで。
ユカ：め。
サキ：め。め…。
ユカ：めつぼう！
サキ：（笑）たしかに…。わいわい／たのしく／あそんで／めつぼう。ローマ時代の貴族とか、それっぽい。（笑）
ユカ：他にあるかな。「め」。

サキ：め…。

ユカ：め…。

サキ：めぐりあう。わいわい／たのしく／あそんで／めぐりあう。

ユカ：どんな状況？

サキ：ちょっとロマンス。（笑）「た」。「たべて」でもいける。

ユカ：「あ」。「あばれて」。

タケシ＆リエコ　ペア

　　縦長に置いたミニホワイトボードの上に右から順に「わ」「た」「あ」「め」
と書く。出てきたアイデアを書き込むことはせずに話し合いを進めていく。

タケシ＆リエコ：（じっとミニホワイトボードを眺めながらしばらくそれぞ
　　れ考え込む。）

タケシ＆リエコ：（さらに考え込む。）

リエコ：わたしは／たべるのが／あまり…

タケシ：「あ」。アイスクリーム。わたしは／たべるのが／あいすくりー
　　む…。つながらないか。（2人また考え込む。）

リエコ：わたしがすきな／たべものは／あいすくりーむ。

タケシ：あ、いい。「め」は？（2人またまた考え込む。）

タケシ：わたしがすきな／たべものは／あいすくりーむと／めんるいで
　　す。

リエコ：麺類？（笑）

タケシ：麺類。

明先生：それでは、そろそろ発表してもらいましょ
　　う。ではどうぞ。（サキ＆ユカ、立ち上がる。）

ユカ：私たちはこんなのを考えました。（サキが、手
　　に持っていたミニホワイトボードを裏返して見せる。）
　　わいわい／たのしむ／あそびの／めいじん。

タケシ：おぉーっ。4文字ずつきれいに揃ってる。

明先生：では続けて。（タケシ＆リエコ、立ち上がる。）

わいわい
たのしむ
あそびの
めいじん

141

リエコ：私たちはこんなのです。（タケシが、手に持っていたミニホワイトボードを裏返して見せる。）わたしがすきな／たべものは／あいすくりーむと／めんるいです。

ユカ：面白い！

明先生：みんな上手に話し合いできてたみたいだけど、今日は、話し合いのルールを守りながら話し合いをするということだったので、ペアで振り返りをやってもらいます。自分がこういうことを意識したっていうのをしゃべって、守れたとか守れなかったとか話してください。

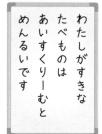

わたしがすきな
たべものは
あいすくりーむと
めんるいです

サキ＆ユカ　ペア

ユカ：「一人でしゃべり続けない」を選んでたんだけど、まあ、できてたかな。

サキ：うん、多分できてた。私は「分かりやすく話す」だったんだけど、なんかほとんど、単語しかしゃべってなかった気が…。

タケシ＆リエコ　ペア

リエコ：私は「目を見て話す」、守れてなかった。ほとんどホワイトボード見ちゃってて。

タケシ：僕は「否定しない」だったけど、まあ、否定はしなかったかな。

リエコ：うん。否定された感じはなかったよ。

明先生：それでは授業を終わります。

※「すきじゃないわ／きらいよ／でーとなんて／するもんですか」は、谷川俊太郎『詩ってなんだろう』筑摩書房、2001年、p.52より掲載

深める

わたあめ先生

明先生の授業、学習者にとって楽しい活動だったようですし、また、学習者が主体的にルールを決めて取り組み、それを振り返ることができる流れにもなっていたようです。

けれども、それでも学習者側にも授業者側にも残る違和感。ここからどのようにしてさらに振り返りを深めていくことができるでしょうか。

① どんな教科内容をどんな教材で教えるか

「『話し合いのルールに注意しながら』っていうのと、うまくつながってなかった感じ」(武史)。「あいうえお作文」をつくる活動は楽しかったし、頭を使ったようですが、必ずしも、授業全体のねらいとして設定されていたものとは合致していなかったようです。

この際手がかりになるのが、教科内容と教材を区別してその関連を考える考え方です。教えるべき内容（学習指導要領の「内容」欄に書かれているようなもの）のことを「教科内容」、それを教えるために用いる素材のことを「教材」といいます。例えば、理科で「力のつり合い」についてやじろべえを使って教えるのであれば、「力のつり合い」が教科内容、やじろべえが教材になります。教科内容と教材の2つを区別することで、「この教科内容を教えるためにどんな教材を使おうか」（例：やじろべえではなくシーソーを教材として使おうか）と考えたり、「この教材を通してどんな教科内容を教えればよいだろうか」（例：やじろべえで遊ぶだけで終わらせないように何を理解させることを一番のねらいとすればよいだろうか）と考えたりすることが可能になります。それが、よりよい教材を見つけたり、教えるべき内容をより明確にしたりすることにつ

話し合いのルールのこと思い出した。（笑）

咲希：うーん、活動は楽しかったし、自分たちでルール決めるところから始めて、最後そこに戻ってくるっていう流れもよかったと思うんだけど、なんかこの微妙にうまくつながらない感じ、どう考えていけばいいんだろう。

ここからどんなふうに深められるかなあ

トボードに思い付いた単語どんどん書いていってたから。

梨恵子：あ、そうだったんだ。私たちはひたすら「わ」とか「た」とかを凝視してた。（笑）由香はどうだった？　ルール。

由香：私は「一人でしゃべり続けない」だったけど、多分守れてた。まあ、今日は2人だったしね。

咲希：これって実際の教室だと、もうちょっと多い人数で話し合うイメージ？

明（授業者）：うん。今日は人数の都合で2人ずつ2組に分かれてもらったけど、実際だと4人グループとかかな。

武史：今日ってなんでこの題材だったの？　「あいうえお作文」で話し合い。

明（授業者）：んー、楽しいことのほうが話し合いも盛りあがるかなって思って。この前テレビで「あいうえお作文」見て自分でもつくってみたら面白くて。

由香：うん、楽しかった。

武史：楽しいのって大事だよねえ。

明（授業者）：うん、自分が小学生だったときの国語の話し合いって、あんまり楽しかったイメージなくて…。（笑）だからやってみた。

咲希：私も楽しかったんだけど…。ただ、「話し合い」っぽかったかっていうと、微妙かなあ。なんか、いっぱい話すって感じではなかった。

武史：そうだねえ。由香と咲希のほうはそれでもまだ2人で盛りあがってる感じだったけど、こっちはけっこう2人とも考え込んじゃって、思い付いたほうが何かしゃべってもう1人が聞いて、ってふうにやってた。

明（授業者）：個人作業を2人でやってる感じ？

梨恵子：んー、でも、自分が出したアイデアに武史が付け加えてくれて作品ができていくのは楽しかった。

武史：そうなんだよねえ。活動自体は楽しかった。「話し合いのルールに注意しながら」っていうのと、うまくつながってなかった感じかなあ…。

由香：あ、最後の、ルールを守れてたかの振り返りは助かった。あれで、

かえりみる

咲希：面白かった！

梨恵子：頭使った。考え込んじゃった。でも楽しかった。

武史：なかなか言葉が思い付かなくて苦労した。

由香：武史と梨恵子の1行目の「わたしがすきな」を見たとき、私が考えてるときはなんか一言の言葉にしなきゃって思い込んでたから、その手もあったか！って思った。

武史：ちょっと無理矢理だったかも。（笑）

咲希：授業やってみてどうだった？

明（授業者）：「あいうえお作文」その場でつくれるかなって不安だったんだけど、ちゃんとつくれててよかった。あと、話し合いのルール尋ねたとき、思ったよりサクサク出てきてビックリした。

武史：うん、いっぱい出たね。

由香：まあ、話し合い活動のときにいつも言われてるようなやつを出したって感じではあったけど。

梨恵子：ルールを自分たちで考えるっていうの、よかった。一方的に与えられるのより、ちゃんと意識しようっていう気になる。

咲希：ルールってみんな守れてたの？　私、「分かりやすく話す」だったんだけど、「分かりやすく話す」とかいうところまでいかなかった気がする。

武史：僕の「否定しない」は、一応守れてた。最初、ルールがいっぱい出てきたとき、こんなの全部は無理！って思ってたんだけど、1つに絞ってってことだったから、やりやすくなった。

梨恵子：私は、さっきの最後の振り返りのときも言ったんだけど、「目を見て話す」を選んでたんだけど、ホワイトボード見て考え込んじゃって、意識からすっかり抜けてた。

咲希：あぁ〜、私もホワイトボード見てたなあ。私たちのところ、ホワイ

ながります。

　それではこうした考え方を今回の授業の振り返りに活かすならば、さらにどのように話が発展しそうでしょうか。

② 手立てが学習者にとって必然性のあるものになっていたか

　今回、明先生は「話し合いのときに気をつけたいこと」をはじめに子どもたちに考えさせていました。これは、「話し合いのルールを意識してよりよい話し合いをさせる」という教師の側の意図からすれば、妥当な活動です。けれども、学習者の側にとっては、必然性のある活動になっていたでしょうか。

　明先生がルールのアイデアを募ったとき、たしかに意見は次々に出てきていました。けれども、その中身については、「話し合い活動のときにいつも言われてるようなやつを出したって感じ」（由香）と振り返られています。「あいうえお作文」づくりの話し合いのために、という意識は乏しかったかもしれません。実際、「目を見て話す」のように、今回の話し合いではうまく機能しないルールもありました。

　また、そもそも、どうすれば話し合いをうまくいくようにできるだろうという問題意識は、うまくいかない事態を経験するといった、何らかのきっかけがないと生まれてきにくいものかもしれません。

　教師は、ある活動を行うための「手立て」とされているものを、疑いなく子どもたちにとって有用なものとみなして与えてしまいがちです。けれども、その「手立て」は本当に今回の活動にとって有用なものなのか、あるいは、その有用さを子どもたちが感じられる構成になっているか、といったことを教師の側が問い直さなければ、子どもにとって必然性が感じられない「手立て」を押しつけることにもなってしまいかねません。

　こうした視点から、さらにどのように振り返りを深めることができるでしょうか。

広げる

① どんな教科内容をどんな教材で教えるか を受けて

由香：教科内容と教材の区別かあ。前に大学の教育方法論の授業でも教わったような…。(笑)

梨恵子：今回の授業では、明としては、ルールを意識してよりよい話し合いをするってことと、「あいうえお作文」をつくって楽しむってことのどっちのほうがメインだったの？

明（授業者）：えっと、今回の「課題」が「話し合いのルールを意識してよりよい話し合いをする」ってことだったから（梨恵子「あ、そっか」）、はじめは「よりよい話し合い」のほうだったんだけど、「あいうえお作文」やろうって思い付いてからは、「あいうえお作文」づくりのほうが中心になっちゃってたかも。

咲希：そっかあ。てことは、もともとの意図としては、ルールを意識してよりよい話し合いをすることが教科内容で「あいうえお作文」が教材だったけど、それが逆転しちゃったって感じになるのかな。

明（授業者）：あ、そうそう、そういうことかも。

武史：「あいうえお作文」つくるのって、けっこう、一人でうんうんうなってアイデア考えるって感じになるじゃない。「よりよい話し合い」のための教材には向かなかったのかも。

由香：そうかな？　話し合いのタイプによるんじゃない？　今回のみたいに、みんなでいろいろアイデア出し合うってタイプの話し合いもあれば、何か一つの結論を決めなきゃいけないってタイプの話し合いもあるから。

咲希：というと？

由香：ほら、クラスの出し物をお化け屋敷にするかクイズ大会にするか、みたいな。

咲希：あぁ、なるほど。

武史：クラスで飼ってるヤギを牧場に返すか飼い続けるか、みたいな。

由香：そうそう。（笑）

梨恵子：そういう話し合いだと、意見が対立しててもケンカにならないようにするにはどうすればよいかとか、どちらも納得できるような別の解決策は見つけられないかとかが大事になるよね。

明（授業者）：そっか、そういうのだと、「話し合いのルール」自体がちょっと違ってくる。

由香：相手の意見の根拠をしっかり聞くとか、違うところだけでなく似ているところにも注意して話を聞くとか、かな。

咲希：そしてたしかに、そういうルールについて学ぶことを教科内容にするなら、「あいうえお作文」づくりは教材としては向かないよね…。

梨恵子：ほとんど単語しかしゃべってなかったからねえ。

咲希：「あ」で「あそんで」とか思い付いて言ったときに、「根拠は？」とか聞かれても嫌だしねえ。（笑）

武史：明は今回、どんなルールをイメージしてた？

明（授業者）：んー、そこまではっきりとは考えてなかったかな…。でもなんとなく、話し合いとしては、クラスの出し物を決めるとか、そっち系のをイメージしてた気がする。そういうのって、梨恵子もさっき言ってたように、うまく話し合えなくて険悪になったりとかするから。

咲希：そっか。それなら、意見がはっきり分かれるような内容の話し合いを教材にもってきたほうがよかったのかも。

明（授業者）：えーっと、遠足で行ってみたい場所とか…？

咲希：そうそう。ただ、決めても実際に行けるわけじゃなかったら真剣になれないかな。

由香：何かを決めるってことにはならないけど、対立で険悪にならないようにっていう練習なら、ディベートっぽいのでもいいんじゃない？　バレンタインデーは必要か、みたいな。（笑）

武史：食事のとき好きなものを先に食べるか後に食べるか、とか。

明（授業者）：いろいろ考えられそう。

梨恵子：アイデアをいっぱい出し合うタイプの話し合いのほうだと、どんなルールが考えられる？

武史：今日の授業でも出した「否定しない」は大事だと思うし、あと、「思い付いたものは何でも言ってみる」とかも大事かも。ほら、僕たちのほうは、いいアイデア出そうとしてかえって考え込んじゃう時間長かったから…。

由香：そして、そういうルールを学ぶってことを教科内容にするのであれば、教材として「あいうえお作文」も使えるってことか。

咲希：もちろん他のでもいいんだろうけど。「教室にあったら便利なこんなもの」みたいなテーマの話し合いとか。

明（授業者）：面白そう！

② 手立てが学習者にとって必然性のあるものになっていたか を受けて

咲希：必然性のある手立てになっているかっていう問題も、今話してたような話に関わってるよね。

武史：うん。どんな話し合いのために、ていう意識が子どもの側に必要だから。正直、今回話し合いのルール考えるときは、「あいうおえ作文」をつくる話し合いのためにって意識はほとんどなかった。

明（授業者）：まあ、俺自身、そのことをちゃんと考えずに指示しちゃってたから。

由香：でも話し合いのルールの必要性って、どうすれば意識できるんだろう。いくら話し合いの種類や目的を確認したうえで「それをするためのルールを考えましょう」と言ったとしても、やっぱり唐突な気がする。

咲希：うーん、話し合いがうまくいかない例を紹介するなり、経験してもらうなりするのがいいんじゃないかなあ。

梨恵子：例えば？

咲希：相手が言った意見を次から次へと否定しまくるような話し合いを、実際にやってみるとか。

梨恵子：なるほど。(笑)

由香：台本形式でそういう悪い話し合いの例をいくつか書いておいて、子どもたちにグループでやらせてみて、「何がまずいのか」「どうすればよいのか」を考えてもらうのも面白いかも。

明（授業者）：悪い例をあえて体験してみるって楽しそう。ただ、それだと、教師があらかじめ決めておいたポイントだけしか扱えないことになっちゃわないかな。

梨恵子：子どもたち、今までにいろいろ話し合いを経験してきてるだろうから、今までの話し合いでうまくいかなかったのにはどんなのがあったか、出し合ってもらってもいいんじゃないかな。

咲希：そっか、そのときに、一つの例として、教師の側からさっきみたいなのを示すっていうのもありだろうし。

梨恵子：そうやって、うまくいかない話し合いの経験と結びつくと、うまくいくようにするためのルールの必要性も感じられるんじゃないかと思う。

| セッション⑦ | クロージング |

　今回、明先生は、「あいうえお作文」が面白いので授業で使ってみたいと考えて、授業を組み立てていました。このように教師自身が面白さを感じられるもので授業を組み立てていこうとするのは大事なことです。けれども今回は、どんな教科内容にどんな教材を使うかという両者の結びつきへの意識が弱かったのかもしれません。

　教科内容と教材との区別は、これまでにも授業づくりの基本として繰り返し述べられてきました（藤岡信勝『授業づくりの発想』日本書籍、1989年他）。そこで心に留めておきたいことが一つあります。

　教科内容と教材の関係というと、まず教科内容を把握して次にどんな教材を使うかを考える、という順序（Aの矢印）をイメージするのが一般的です。もちろんそれは、「ねらい→そのための手段」という論理的な流れに沿った、理にかなったものです。けれども実際には、教材として使えるかもしれないものが先に見つかり、そこから「何を教えるために使えそうか」を考える、つまり教科内容を考えること（Bの矢印）もしばしば起こります。ある教科内容に合った教材を探そうとしたときに、都合よく即座にそれを見つけられるとは限りません。そのため、普段から「何か教材になりそうなものはないか」とアンテナを張っておき、よさそうなもの（子どもの関心を引き、学習を促進できそうなもの）を見つけたときに「どんな教科内容と結びつけられるか」を考えるということが重要になるわけです。

考えよう＆交流しよう

1　小4国語でことわざについて学習している。次のそれぞれを重点的なねらいとするならば（教科内容）、どんな素材を用意するとよいか（教材）、それでどんな活動ができそうか、考えてみよう。

ア）多様なことわざがあることを知る。

イ）ことわざの言い回しの面白さに気づく。

ウ）ことわざを具体的な状況と結びつけて使えるようになる。

2　小1算数。文章題を解く際のヒントとして先生が次のように話している。

> 教師：分かっている数を書き出しましょう。問題文に「ぜんぶで」や「あわせて」とあるときには、足し算をして求めるとよいですよ。

この手立ての問題点はどこにあるだろうか。

3　小6算数。並べ方に関する学習で次の問題に取り組んでいる。

> なおゆき、ゆり、けいすけ、あみの4人がリレーのチームをつくって走ります。走る順番は全部で何通りあるか、すべて書き出して調べてみましょう。

先生は、「もれや重なりがないように工夫して調べましょう」と指示した。しかし、おそらくすでにどこかでそのやり方を習ってきているのであろう子どもが樹形図を書いてさらさらと答えを出す一方で、他の子どもたちは例えば「①なおゆき　②ゆり　③けいすけ　④あみ／①あみ　②けいすけ　③ゆり　④なおゆき……」のようにいくつか書いたところで途方に暮れてしまった。先生がヒントのつもりで出したこの指示が、有効に機能しなかったのはなぜだろうか。それを解消するにはどうすればよいのだろうか。考えてみよう。

ブックガイド

奈須正裕『教師という仕事と授業技術』ぎょうせい、2006 年

　教育心理学者である著者が、授業づくりに関して、ただ理念を説くのではなく、また、固定化された手順を伝授するのでもなく、応用が効いて個々の教師が独自に発展させていけるような「技」をとりあげて解説しています。本書における「内容」と「活動」の区別が、今回のセッションでの「教科内容」と「教材」の区別に相当します。

森篤嗣『授業を変えるコトバとワザ　―小学校教師のコミュニケーション実践』くろしお出版、2013 年

　教師と子どもとのコミュニケーションを特に教師が発する言葉に注目して分析しています。自分がなんとなく発してしまっている言葉を自ら見つめ直したり、ベテラン教師の何気ない対応のうまさに気づいたりするための手がかりとなる本です。

| ミニレクチャー⑦ | **模擬授業以外の授業づくりの勉強会** |

授業づくりの力を伸ばしていくための勉強会は、模擬授業＆検討会に限ったものではありません。模擬授業＆検討会では扱いにくい方面のものもあります。さまざまなタイプの勉強会を組み合わせて行うことで、授業づくりの力を総合的に伸ばしていくことができます。以下の紹介は、主に学生のみなさんの自主的な勉強会を念頭に置いていますが、もちろん、現職の先生方の場合にも活用できます。

▶ 教材を深める

模擬授業＆検討会では扱いにくい、教材や教科内容そのものに焦点を合わせた勉強会です。

教科書の「縦読み」「横読み」

教科書を、同種の内容に関して学年を超えたどんなつながりがあるのか複数学年にわたって読み比べたり（「縦読み」）、同じ内容を扱ったページを複数の教科書会社のもので読み比べたり（「横読み」）するのは、内容の系統性や教材の特徴についての理解を増すうえで有効なトレーニングになります。誰かと一緒に行うことで、より幅広く比較検討することが容易になります。

「縦読み」の例

理科教科書全学年分の目次ページを開いて、そこに挙げられている項目にどのようなつながりや発展が見出せそうか、考えてみましょう。見出した関係を、矢印を使って表してみましょう。

豆電球にあかりをつけよう（3年）　→　電池のはたらき（4年）

例えば、上のようなつながりを見出したとします。教科書の該当ページ

を見て、どんな共通点と相違点があるか、それはなぜか、何が発展しているのかなど考えてみましょう。

　上記の場合であれば、どちらも電気についての学習で、乾電池を用いている点でも同様です。けれども銅線につなぐものが、前者は豆電球で後者はモーターです。この違いはなぜでしょうか。豆電球ではなくモーターだからこそ学べる、電気に関する内容は何なのでしょうか。また、それをふまえたうえで、豆電球のときに必ず押さえておかなければならない内容は何なのでしょうか。

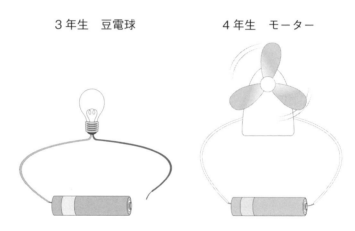

同じ電気についての学習でも…

　このように、縦のつながりを意識して教科書を読み込むことで、その単元において教えておかなければならないことが教師自身にとって明確になります（セッション⑤でも同様の話が出てきました）。こうした「縦読み」の必要性は、内容の系統性がはっきりした理科や算数の場合に限りません。例えば国語の物語文教材の場合でも、どんな読み方（例：色の描写への注目、繰り返しへの注目）をどの教材のときに扱えるか、ある教材で学んだ読み方を別の教材のときにどう活用して発展させていけるかなど、「縦読み」によって見えてくることがあります。

「横読み」の例

　算数教科書での小数の導入、社会科教科書でのごみ処理、理科教科書での植物の養分をつくる働きなど、異なる教科書会社の教科書が同じ項目をどう扱っているか、（できれば、教科書を開く前に、どんな内容が盛りこまれていそうか自分たちでも予想したうえで）読み比べてみましょう。どの教科書も学習指導要領に沿っているといっても、記述には違いがあります。その違いは何を反映したものか、自分ならどの教科書を使いたいか、それはなぜか、考えて話し合ってみましょう。例えば、6年生の理科教科書では、植物の葉が日光に当たって養分をつくりだしていることを確かめる実験に関して、教科書会社によって筋道に違いがあります。みなさんが最も思考の流れに沿っていると考えるものはどれでしょうか。

　一方、教科書会社が異なっていても、共通している部分もあります。その理由についても、考えて話し合ってみましょう。例えば、3年生算数の小数の導入では、すべての教科書会社が、（大学生のみなさんがよく想像する「ピザ」や「りんご」を使っての説明ではなく）「水のかさ」を用いて説明しています。なぜでしょうか。その後「長さ」もどの教科書にも登場しますが、なぜそうした順になっているのでしょうか。

さらに発展として

　学年をまたぐ「縦読み」、教科書会社をまたぐ「横読み」だけでなく、教科をまたいだ読み比べも可能です。例えば、「重さ」の概念は、算数の教科書でも理科の教科書でも扱われます。それぞれにおける焦点の当て方はどのように異なるでしょうか、それぞれの教科における指導のときに留意しなければならない点は何でしょうか。

　さらに、同じ学年（あるいは前後の学年まで含んで）の各教科の教科書を使って「水」「生命」など大きなテーマに関わる要素がどのように存在しているかを調べたり、国語科における報告文の書き方や算数における各種グラフの活用などが他教科の学習と結びついている部分を各教科の教科書から探したりすることもできます。これらは、教科横断的あるいは合科的な学習を指導したり、教科同士のつながりやそこで育てたい力を考えて

教育課程を編成する「カリキュラムマネジメント」を行っていったりすることにつながります。

教材づくりと活動体験

　自分たちで教材をつくって持ち寄り、それを比較検討したり実際にそれを使った活動を体験してみたりします。

　例えば、5年生の社会科で暖かい土地の暮らしについての授業を行うとします。どんな教材を使ってどんな内容を学ぶことができそうでしょうか。新聞記事、図鑑、写真、気象庁のホームページに掲載されている過去の気象データ、沖縄旅行のお土産、サトウキビの実物…。さまざまな素材を持ち寄ることができそうです。「実際に学校で使えそうなものを」と範囲を狭めるのではなく、最初はそうした制約なしで素材を持ち寄り、それを互いに眺めたり触ったりしながら、どんな学習と結びつきそうか、どんなふうに学習が刺激されそうか、考えてみましょう。

　あるいは、5年生の理科の「物の溶け方」に関する実験。子どもたちの興味を引き、水溶液の性質の理解につながりそうな実験にはどんなものがありそうでしょうか。インターネットや書籍で調べてみて、その実験を実際に自分たちで行ってみましょう。

　どの教科でも、教材づくりや活動体験を行うことができます。例えば、国語科においては、あるテーマを決めて3編程度の詩（あるいは短い言語素材）を各自で選んで作品集（アンソロジー）をつくる（そしてそれを用いた学習を考える）という活動や、物語文をナレーターや登場人物というように役を割り振って声を出して読み合わせをしてみるという音読練習の活動などが考えられます。

　こうした教材づくりや活動体験は、自分自身が学習者となるものであり、学び手としての感覚を取り戻すことにつながります。特に、外国語活動のアクティビティやプログラミング教育でのロボットを使った活動など、それを体験してきていない人が多い活動の場合、参加者がみな同じスタートラインに立ちやすいため、学校のなかでも取り組みやすいものになります。

▶ 実践を知る

学校の公開研究発表会等への参加

　研究指定を受けた学校や大学の附属学校などを中心に、授業を公開したり学校の取り組みを報告したりする公開研究発表会（公開研）が開催されています。ほとんどの場合、学生の参加も受け入れています。インターネット上で「学校　研究会情報」で検索すると、全国の公開研の情報をまとめたサイトが複数出てくるため、そのページで、自分の関心に近い公開研を探すことができます。

　授業を見に行くときには、ぜひ、誰かと連れ立って行きましょう。映画を誰かと一緒に見に行くことで、終わってからそれをめぐって対話をしてより深く楽しむことができるのと同じように、授業も、異なる視点で眺めたものを交流することによって、より深くそこから学ぶことができます。見学時、授業をどのように見ればよいかは、ミニレクチャー⑧も参照してください。

実践記録の読み合わせ

　生の授業からしか得られないものはもちろん存在しますが、各地の学校を訪問するのは、時間的・金銭的な問題もあり限界があります。そうした場合に活用することができるのが、教師が自らの教育活動に関して記した「実践記録」です。

　実践記録は、理念だけを描くものや手順のみを示したもの（ノウハウ本）と異なり、実践での具体的な出来事、つまり、教師と子どもとのやりとりや子どもの活動の様子、生み出した作品などを描いています。さらに、生の授業を見学している場合にはその場では分からない、教師の側の働きかけの意図であったり子どもの反応に対する教師の心の動きも記されています。

　日本の教師たちは、実践記録を書いたり互いにそれを読み合ったりすることで自分たちの力量を高めていく文化を築いてきました。数多くの実践記録が書籍として刊行されています。『時代を拓いた教師たち　―戦後教育実践からのメッセージ』（田中耕治編著、日本標準、2005 年）、および、

『時代を拓いた教師たちⅡ　―実践から教育を問い直す』（田中耕治編著、日本標準、2009 年）では、戦後の代表的な実践記録本をとりあげて文章の一部を紹介し、さらにその実践の背景や位置づけについて解説しています。実践記録本を探すためのガイドブックとして役立ちます。

　実践記録を読むのは、「これこれの内容を教えるときにはこれこれのやり方を用いればよい」という「正解」を得るためではありません。実践記録でとりあげられているものと同じ内容を教える機会があるとは限りませんし、そもそも置かれた状況や目の前の子どもによって、望ましいやり方は変わってきます。

　実践記録から学ぶことができるのは、授業のやり方以上に考え方です。実践記録には、実践者の行動だけでなく内面についても書かれているので、それをもとにして、自分とも重ね合わせながら、「この先生はなぜこのやり方を取ったのだろう」「自分ならどうするだろう」「先生はここでどう考えていたのだろう」などと、文章と対話しながら読み深めていくことができます。

　そのため、実践記録を読む際にも、複数名で読み合わせをして、感じたこと、考えたこと、疑問に思ったことなどを交流することがオススメです。人によって注目する箇所が違ったり、同じ箇所に注目していても、受け取り方が異なったりします。それによって、実践に対する解釈の幅を広げていくことができます。

▶ 学習者の立場を体験する

　自分自身が一学習者として、ワークショップなどさまざまな学びの場に参加してみましょう。教育に関するものや直接自分の授業実践に役立ちそうなもの（ファシリテーションの技法など）に限らず、それ以外のジャンルのもの（演劇、製作、音楽、まちづくり、野外活動、……）にも参加し、そこでの体験を学習やその支援の観点から見つめてみましょう。

　人は、自分が体験して意義を実感したことがある学び方でないと、そうした学び方を授業で用いることが困難です。ワークショップなどに参加して学校外でのさまざまな学び方を体験することは、学校のなかでの学びの

あり方を考え直すきっかけにもなります。

　例えば、街中のクッキング教室に参加して、そこでの体験をもとに家庭科の調理実習について考えてみましょう。何が共通していて何が異なり、そこではどんな工夫が見られたでしょうか。

　一見内容が重ならないようなものからも刺激を受けることができます。例えば、専門家であるガイドに連れられて自然探索を行う半日ツアー。ガイドからの問いかけややりとりがあることで、自分一人で歩く場合とは異なる発見が得られるはずです。ここには、例えば、一人で読むときにはただ出来事をなぞるだけで読み流してしまうような物語文を、他者からの問いかけややりとりがあることでより深く読める、といった事態との共通点が見出せます。そうであるならば、自然探索のツアーにおいてガイドが果たしていた役割から何か学べる点はないでしょうか。

　また、こうしたワークショップに参加することは、教師の立場にいるときには忘れがちな、学習者が活動の過程で感じる不安や意識の向かい方（作業に集中していて指示を聞き逃したりといった）などを体感することにもつながります。

▶ 本を通して理論を学ぶ

　一人で読み通すには厳しそうな「歯ごたえのある」本（教育学の古典的著作、学習科学や心理学、教育方法学や教科教育学の文献など）を選んで、数名のグループをつくって読書会を行ってみましょう。

　一見取っつきにくい本であっても、それらは必ず、それまでに存在した何かを批判して、それを乗り越えるために書かれているはずです。批判対象となっているものは何か、例えばどういうものか、どのようにそれを乗り越えようとしているのかを意識して読むことで、その本の核心部分がつかみやすくなります。

　読み合わせの際に、「立派な意見」を言おうとする必要はありません。むしろ、「ここがよく分からない」「これってこういうこと？」「こことここのつながりはどうなってるの？」といったことを気兼ねせずに出し合うことが、互いの思考を刺激します。

こうした書物に書かれていることは、あまりにも現実から遠く感じられたり、現在の日本の状況では実現困難なものであるように感じられたりするかもしれません。けれども、現実との距離があるからこそ、今あるものを問い直して別の可能性を考えていくための手がかりともなります。

文献を探すには、本書のブックガイド（各セッションの最後）の他、『心理学の「現在」がわかるブックガイド』（服部環監修、実務教育出版、2011 年、特に「第 4 章　学ぶこと・成長することを分析する」）のように、文献を紹介した本も参考になります。

▶ 教師としての根っこの部分を考え直す

あなたが教師としてやっていくうえで、大事にしたいと考えていることは何でしょうか。あるいは、自分でも意識していないようなこだわり、また逆にないがしろにしているようなものはあるのでしょうか。

教師は次から次へと目の前の課題に追われるため、自分にしみついたいつもの行動パターンでそれらに対応するということになってしまいがちです。けれども、だからこそ時には立ち止まって、自分がどんなあり方でいたいと考えているのか、自分のふるまいはそれにかなったものになっているのかを見つめ直すことは重要です。

その手がかりとなるような本もあります。

・武田信子・金井香里・横須賀聡子編著『教員のためのリフレクション・ワークブック　―往還する理論と実践』学事出版、2016 年
・岩瀬直樹・寺中祥吾『せんせいのつくり方　―"これでいいのかな"と考えはじめた"わたし"へ』旬報社、2014 年

これらの本にはさまざまな問いが含まれ、ワークが行えるようになっています。絶対的な正解があるわけではない、それをめぐって話し合うことでそれぞれの考えが浮かびあがってくることが大事であるような問いです。仲間と一緒にこれらの本を読みながらワークにチャレンジしてみましょう。

授業づくりに関わるような勉強会は、もちろん、ここに挙げたタイプの
ものに限りません。「勉強会」と気負わなくても、教育に関する映画を一
緒に見に行ってしゃべるとか、板書のきれいさと速さを競う「板書対決」
のようにゲーム的に何かを行うといったことも有益でしょう。また、目先
の「（自分の授業に）役立つ／役立たない」にとらわれず、海外の学校や
オルタナティブスクールの取り組みなどを本や映像、さらには現地視察な
どによって学んで、学校や授業の多様な可能性について知ることも大切で
す。

　こうした勉強会を自分たちで行うことの重要性は、ある内容をそこで学
べるからというだけではありません。自分たちで自分たちの学びの場をつ
くることそのものにも意義があります。自らが学び手として、互いにより
よく学べるような場をつくりあげていくこと。そこで得られる、学びの場
に対する感覚は、教室での子どもたちとの授業の際にも発揮されるもので
す。

　教室を子どもたちが共に学ぶ場にしたいのであれば、教師自身がまずそ
うした共に学ぶ場を仲間の教師たちと実践できていなければなりません。
教師の学びと子どもの学びの「同型性」です。勉強会を立ち上げたり運営
したりすることはその一つです。

ミニレクチャー　**7**

模擬授業以外の授業づくりの勉強会

163

セッション 8 小4音楽「とんび」

▶▶ 課題

歌唱教材「とんび」を用いて、強弱を工夫しながら歌えるようになるというねらいの授業を行いなさい。曲は前時までで一通り歌えるようになっているものとする。

「とんび」
作詞：葛原しげる
作曲：梁田貞

学習指導要領（2017年公示版）

□音楽　第3学年及び第4学年「内容」「A　表現」より
(1) 歌唱の活動を通して、次の事項を身に付けることができるよう指導する。
　ア　歌唱表現についての知識や技能を得たり生かしたりしながら、曲の特徴を捉えた表現を工夫し、どのように歌うかについて思いや意図をもつこと。
　イ　曲想と音楽の構造や歌詞の内容との関わりについて気付くこと。
　ウ　思いや意図に合った表現をするために必要な次の（ア）から（ウ）までの技能を身に付けること。
　（ア）範唱を聴いたり、ハ長調の楽譜を見たりして歌う技能
　（イ）呼吸及び発音の仕方に気を付けて、自然で無理のない歌い方で歌う技能
　（ウ）互いの歌声や副次的な旋律、伴奏を聴いて、声を合わせて歌う技能

試みる

咲希先生

　　黒板に教科書のページ（「とんび」の歌詞と楽譜が掲載されている）を模造紙大に拡大したものが貼ってある。

咲希先生：前の時間までに、「とんび」の学習をしてきましたね。ではまず一緒に一番だけ歌ってみましょう。

　　咲希先生のピアノ伴奏に合わせて、子どもたち、一番を歌う。

咲希先生：曲のなかで繰り返し出てきている言葉がありましたね。何でしょう？

アキラ：「ピンヨロー」？

咲希先生：そうそう。確認ですが、「ピンヨロー」っていうのは、とんびの…？

タケシ：鳴き声？

咲希先生：はい、そうですね。とんびの鳴き声でした。これが何回出てきますか？

ユカ：4回。

咲希先生：これ、楽譜を見てもらったらよく分かりますが、（黒板に貼った拡大コピーを指しながら）4回繰り返す「ピンヨロー」は、メロディーもどれも似たような形ですね。これを全部同じように歌うと、退屈な感じになってしまいそうです。

　　そこで、今日のめあてはこれです。（黒板に短冊を貼る。）「めあて　強弱を考えて3だんめの歌い方を工夫しよう」。

　　ワークシートを配る。

咲希先生：みなさん、この記号は覚えていますか？（ƒのカードを見せる。）
ユカ：フォルテ！
咲希先生：意味は？
リエコ：強く。
咲希先生：そうそう（ƒのカードを黒板に貼って「フォルテ　強く」と板書）。そしてこちらが（ｐのカードを示しながら）「ピアノ」の記号で、「弱く」という意味でした（ｐのカードを黒板に貼って「ピアノ　弱く」と板書）。
咲希先生：今から、3段目の歌い方を考えて、プリントのなかの○の部分に、フォルテかピアノの記号を書いてもらおうと思います。なんでそれを選んだか、理由も書いてください。
　　　　　各自考えてプリントに書く。
咲希先生：それでは、今自分が考えた意見を隣の人に発表しましょう。時間は3分です。

タケシ＆ユカ　ペア
　ユカ：私は、フォルテ、フォルテ、ピアノ、ピアノ。理由は、とんびの鳴き声が遠ざかっていく感じにするため。
　タケシ：へぇー。とんびが移動するんだ。いいねえ。僕は、フォルテ、ピアノ、フォルテ、ピアノ。親子のとんびが会話してるって考えて。

ユカ：あー面白いね。掛け合いかあ。オスとメスとか、他の組み合わせ
　　もありかも。

アキラ＆リエコ　ペア
　リエコ：私は、フォルテ、ピアノ、フォルテ、ピアノ。なんか山びこみ
　　たいな感じかなって思って。弱いこだまが返ってくる感じ。
　アキラ：俺は、ピアノ、ピアノ、フォルテ、フォルテ。理由は、後が強
　　いほうが盛りあがっていく感じがするから。
　リエコ：盛りあがっていく？
　アキラ：迫力が出るというか。
　リエコ：あ、とんびがこっちに向かってくるみたいな感じ？
　アキラ：それちょっと怖いかも。（笑）

咲希先生：そろそろ時間ですね。では、ペアで相談して意見を一つにまと
　　めて、歌い方と理由を発表してください。（各ペア、どちらのアイデアを
　　発表するか相談する。）
タケシ：僕たちは、フォルテ、フォルテ、ピアノ、ピアノにしました。
　　（咲希先生、「① $ffpp$」と板書。）理由は、とんびの鳴き声が遠ざかって
　　いく感じにしたかったからです。
咲希先生：それではそれをみんなで一緒に歌ってみましょう。3段目の部
　　分だけいきますね。（伴奏を弾きながら）せーのっ！
子どもたち：♪ピンヨロー　ピンヨロー　ピンヨロー　ピンヨロー♪
子どもたち：おぉーっ。
ユカ：これいいんじゃない？
リエコ：遠ざかっていく感じがする。
咲希先生：ではもう一つのペアのほうもどうぞ。
リエコ：私たちは、フォルテ、ピアノ、フォルテ、ピアノです。（咲希先生、
　　「② $fpfp$」と板書。）理由は、山びこのような感じにするためです。
咲希先生：ではそれもみんなで歌ってみましょう。（伴奏を弾きながら）
　　せーのっ！

168

子どもたち：♪ピンヨロー　ピンヨロー　ピンヨロー　ピンヨロー♪
タケシ：全然違う感じがする！

咲希先生：はい、このように、どこにどの記号をもってくるかで違う曲のように聞こえますね。歌い方は一つではありません。強弱を意識して、どんな歌い方にしたいかを考えて歌えることが大切です。これで今日の授業を終わります。

かえりみる

由香：楽しかった！
明：うん、楽しかった。伴奏が格好よかった！
咲希（授業者）：ありがとう。音楽の授業は、まだちょっと自信もってる。
武史：最後歌ってみて、強弱の付け方によって本当に全然違うふうに聞こえたのが面白かった。
梨恵子：うん、音楽の授業って、先生の指示通り歌うだけってイメージがあったから、こういうやり方もあるのかって面白かった。
由香：最初、めあてにいく前に、「全部同じように歌うと、退屈な感じになってしまいそうです」って説明があって、なるほど―！って思った。
明：あ、セッション①の理科のときの唐突な発問より成長してる！
由香：ほんとだ！
咲希（授業者）：ありがとう。強弱を考えてワークシートを書いて意見交流する活動のほうはどうだった？
明：俺音楽苦手だけど、○のなかにフォルテかピアノかを書いたらいいだけだから、やりやすかった。
梨恵子：他の人の考えの理由を聞くのが楽しかった。
由香：みんなどんなの書いてたの？
武史：見てみよっか。（各自自分のワークシートを出して全員分を広げる。）

タケシ *fpfp* とんびの親子が会話してる。	ユカ *ffpp* とんびの鳴き声が遠ざかっていく感じにするため。
リエコ *fpfp* 山びこのように、強いのの後に弱いのを繰り返す。	アキラ *ppff* 後が強いほうが盛りあがっていく感じがするから。

梨恵子：あ、武史と同じ強弱の付け方だったんだ。

武史：うん、でも理由が違った。

梨恵子：結論が一緒だけれど理由が違うっていうのも面白い。

由香：全部で3パターン出てたんだ。

武史：由香みたいな *ffpp* は最初自分で考えたときから想定してたけど、明の *ppff* はまったく考えてなかった。

明：いや、合ってるかどうかは分からないんだけど…。

梨恵子：合ってるとか間違ってるとかいうものでもないんじゃない？

咲希（授業者）：うん、今回は、ちゃんと理由を考えて歌い方を示せることをねらいにしてたから、強弱の付け方に答えがあるわけじゃないよ。

明：そうなんだ。

由香：私、正直、自分の *ffpp* で「これしかないでしょ〜」って思ってたけど、最後、*fpfp* のを歌ってみたら、こういうのもありだなって感じた。

武史：うん、2パターン歌ったけど、どっちもよかった。

明：「よかった！」ってことばっかりで、なかなかそれ以上のことが出てこないんだけど…。（笑）何か気になったところとかある？

咲希（授業者）：うん、聞きたい。

梨恵子：あまり思い付かないけど…。明の *ppff* のパターンも歌ったらどうなるか、聴いてみたかった。

武史：うん、聴いてみたい。

由香：歌ってみたところが今回一番楽しかったしねえ。

武史：すごくスムーズでこのままでも実際の教室でできそうな気がするんだけど…。なんか、よくも悪くも進め方が「学校っぽい」感じがした。

明：学校っぽい？

武史：なんだろう…。意見を一つにまとめて発表、みたいな流れかなあ。

梨恵子：うーん、きれいにまとまってる授業だった感じもするんだけど、このモヤモヤは何なんだろうねえ…。

セッション **8** 小4音楽「とんび」

171

深める

咲希先生の成長がうかがえる授業だったようです。さて、それではこの授業と話し合いから、さらにどのように振り返りを深めることができるでしょうか。

わたあめ先生

① 「表現してみる」ことを活かせないか

「歌ってみたところが今回一番楽しかった」（由香）、「最後歌ってみて、強弱の付け方によって本当に全然違うふうに聞こえたのが面白かった」（武史）というように、授業の最後の、実際にいろいろな歌い方を試してみた部分で、学習者の頭も心も活発に動いていたようです。「最後、$fpfp$ のを歌ってみたら、こういうのもありだなって感じた」（由香）というように、歌い方に関する気づきももたらされています。

そうであるならば、このように「表現を実際に行ってみる」ことがもつ力を授業のなかでもっと活かすことはできないでしょうか。

学生が行う授業はもちろん、実際の学校現場の授業でも、歌を歌ったり身体を動かしたりといった表現の活動を行う場合、どう行うかを事前に頭で考えておいて、それを実演してみせるという図式になっているものが多いと考えられます。理解が表現を一方向的に規定するような図式です（A）。

表現の活動が授業の最後に置かれることが多いのもその一つの表れでしょう。けれども、今回の「とんび」の歌の例にも表れているように、表現を行ってみることで新たな気づきが生まれるということも起こります。その気づきがさらに表現を引き出しま

す。表現と理解が相互循環して影響を与え合うような図式です（B）。

　こうした相互循環の図式に立つならば、授業の最後に表現を行って終わるのではなく、それまでにさまざまな表現を試してみる機会を設けることがより大事になるでしょう。また、やりっぱなしではなく、表現されたものをもとにそこから考えていくということも大事になるでしょう。

　それではこうした表現と理解の相互循環という発想を、「とんび」の3段目の歌い方を工夫する活動に活かすならば、どういったことができそうでしょうか。

② 意見はグループで「まとめて発表」させないといけないものか

　振り返りの話し合いでは、「意見を一つにまとめて発表」（武史）という形を取っていたことへの指摘がありました。たしかに、ペアやグループで話し合わせた後、「意見をまとめて発表しましょう」といった指示が出されることはよくあります。けれども、そもそもなぜ意見をまとめさせる必要があるのでしょうか。

　「まとめる」という言葉には、「合わせて一つのものにする」というニュアンスがあります。しかし、今回の授業では咲希先生は、ペアでそれぞれが考えていた2種類の歌い方を合わせて一つのものにすることを求めていたわけではないようです。そうすると、「出てきた考えのなかから1つ選んで」といった指示で十分かもしれません。また、そもそもペアやグループごとに1つずつ出すというやり方ではなく、別の形で全体での意見共有を行ってもよいかもしれません。

　もちろん、意見を一つにまとめることに必然性がある場合もあるでしょう。ペアやグループごとに協力して何かを製作するというゴールがあってそのためにメンバー間での合意が必要といった場合です。けれども、そうした必然性がないまま、無反省に「一つにまとめて発表」させていることも多いように思います。何のために意見を出し合わせるのか、その目的に照らした場合、どのような共有の仕方がふさわしいのかを考えることが大切です。

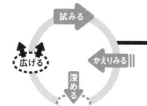

広げる

① 「表現してみる」ことを活かせないか　を受けて

由香：たしかに、歌ってみた部分が一番楽しかったし、いろいろ発見もあったはずなのに、表現してみて気づいたことをもとに考えていく流れって考え付かなかったな。

武史：発表を最後にやっておしまいになるのが当たり前だと思ってた。

明：「表現してみる」ことがもつ力ってどんな感じなんだろ。

梨恵子：とりあえず、明が出してた $ppff$ のパターン、やってみよっか。

咲希（授業者）：じゃあ伴奏弾くね。

子どもたち：♪ピンヨロー　ピンヨロー　ピンヨロー　ピンヨロー♪

明：おぉっ。

由香：なんか、迫ってくる！（笑）

咲希（授業者）：だいぶ雰囲気違うねえ。これもありかも。

梨恵子：こういうのって、聴き比べするのが大事な気がする。

武史：というと？

梨恵子：えっと、いくつかのを歌って聴いてみて、違いを感じたりイメージを比べたりしてみる。

明：もう一回、$ffpp$ のも歌ってみよっか。

子どもたち：♪ピンヨロー　ピンヨロー　ピンヨロー　ピンヨロー♪

由香：あぁ、違う。

武史：うん。

明：$ffpp$ のは、遠ざかっていく感じ、$ppff$ のは近づいてくる感じ。

梨恵子：私は、$ffpp$ のほう、後の「ピンヨロー」2回は、もっと遠くにいるとんびたちの鳴き声が聞こえてくるイメージ。

明：あぁ、別のとんびがいるんだ。

咲希（授業者）：$ffpp$ のは消えていく感じで、$ppff$ のは、この後ま

だ何かが待ち受けていそうな感じがする。

武史：こんなふうに、表現されたものを感じてイメージを広げるのって、セッション④の「たとえを使って文を書こう」のときと似てる。

由香：たしかに！

咲希（授業者）：私、やってみたいのあるんだけど。

由香：何？

咲希（授業者）：武史が $fpfp$ のパターンで「親子で会話してる」って言ってたじゃない。

武史：うん。

咲希（授業者）：これ、実際に掛け合いの形でやってみたらどうなるかなあ。二手に分かれて。

由香：面白そう！

明：やってみよう！

咲希（授業者）：じゃあ私がピアノ弾くから、武史と梨恵子が1回目と3回目、フォルテの「ピンヨロー」、明と由香が2回目と4回目、ピアノの「ピンヨロー」でお願い。

由香：どっちが親？

明：やっぱりフォルテのほうじゃない？

武史：うん、じゃあそのイメージで。

咲希（授業者）：いくよー。せーの。

武史＆梨恵子：♪ピンヨロー　　　ピンヨロー

明＆由香：　　　　　　　　ピンヨロー　　　　ピンヨロー♪

明：面白い！

由香：本当に子どものとんびが呼びかけに応えてるみたい。

武史：うん、いい感じだった。

咲希（授業者）：なんか、聴いてて、とんびたちが空を舞っている立体的なイメージが浮かんだ。

梨恵子：これ、男女で分かれてやってみたらどうなるかなあ。フォルテの部分を男声で、ピアノの部分を女声で。

咲希（授業者）：それもやってみよっか。せーのっ。

明＆武史：♪ピンヨロー　　　　ピンヨロー

由香＆梨恵子：　　　　　ピンヨロー　　　　　ピンヨロー♪

由香：だいぶ雰囲気変わった！

咲希（授業者）：求愛っぽい感じがする。（笑）

武史：一気にロマンチックに…。

由香：あ、じゃあもっとそれっぽくやってみる？　声の感じとか工夫して。

明＆武史：（朗らかに響かせて）♪ピンヨロー　　　　ピンヨロー

由香＆梨恵子：（甘い感じの声で）　　　　　ピンヨロー　　　　　ピンヨロー♪

由香：すごい！

明：ちょっと恥ずかしい。（笑）

梨恵子：こういうのって、実際に歌うときには全員で歌うにしても、こうやって試しにこんな形で歌ってみたら、イメージが湧くし、多分それが全員で歌うときの歌い方にもつながる気がする。

咲希（授業者）：うん、私もそう思う。

武史：今こうしていろんなやり方で歌ってみながら考えたら、いろいろ考えが浮かんできたよね。「表現と理解の相互循環」ってこういうことなのかも。

由香：あ、そっか！

明：じゃあ、こういうことを授業でも子どもたちが行えるようにすればいいんだ！

② 意見はグループで「まとめて発表」させないといけないものか を受けて

咲希（授業者）：今回、正直、ペアごとにまとめて発表させたの、そんなに深く考えずにしてた…。

武史：今回は何のために意見の交流とか共有とかしたんだっけ。

咲希（授業者）：えっと、ペアでの意見交流は、違う歌い方とかその理由

とかを知ってもらうため、かな。他にも表現の仕方があるんだって知って
もらう。全体の場でペアごとに発表していってもらったのは、いろん
なパターンや考えに触れてもらいたいなと思って…。

梨恵子：うん、私は、他の人の理由知るの、面白かったよ。自分にはない
視点で。

明：じゃあさ、別にペアで一つにまとめる必要はないんじゃない？　ペア
ではお互いに考えを紹介して相手の考えを聞くってことだけでよさそ
う。

咲希（授業者）：うん、それでいい気がする。

武史：全体の場で意見を共有するときも、ペアやグループごとに1つずつ
選んで出してもらってもいいし、クラスによっては、いきなり全体の場
で、「どんなパターンが出ましたか？　紹介してください」って募る手
もある。

由香：この前見学に行った小学校では、クラスみんなが小さいホワイト
ボードを持ってたんだけど、そういうところでなら、自分が書いたのを
一斉に掲げて見せたりってこともできる。

明：それをもとに、どんなパターンが出てるのか、黒板に書き出せばいっ
か。あ、小さいホワイトボード、黒板にマグネットで貼れるようなやつ
なら、同じパターンごとに固めて貼り出すとか？　黒板の広さが足りな
いかな…。

梨恵子：それいいねえ。そして、黒板にリストアップされたのを、順番に
全員で試していって、それぞれの感じを出してもらって、それも黒板に
書き加えていくのもいい。

咲希（授業者）：実際の教室だと、今回よりもっと人数多いから、ペア
じゃなくて4人とかのグループで交流してもらうことになると思うんだ
けど、グループごとに「いろいろな歌い方を試してみながらその違いを
感じよう」っていうふうな活動もできるかも。

武史：あ、そっか。どんどんアイデアが広がる！

セッション

8

小4音楽「とんび」

177

セッション⑧ クロージング

　いよいよ最終回の模擬授業でした。
　表現と理解の相互循環という発想は、音楽教育に限らず通じる発想です。
　造形教育の分野では、「表したいテーマ・主題」から「テーマにあうメディアの選択」「作品という結果・かたち」などへと一方向的に進んでいく「一方向で直線的な造形観」と対比して、「働きかけ⇔変化のくり返しで状況が動いていく」「動的な造形観」が唱えられています（鈴木幹雄・佐藤昌彦編『表現教育にはそんなこともできるのか　―教師たちのフレキシブルなアプローチに学ぶ』あいり出版、2015年）。また、本書の著者である渡辺も、「動作化」「劇化」などを含む「演劇的手法」に関して、あらかじめ頭で考えておいたことを声や身体を使って表す「コントロール」型とは異なり、動きながら感じ、それによって次の行動が引き起こされる「感じる」型の活動を提唱しています（渡辺貴裕「動き、感じ、つくりだす媒体としてのからだ」教育科学研究会編『教育』829号、pp. 5-14など）。
　さらに、近年さかんに言われている「アクティブラーニング」についても、「認知プロセスの外化」が伴うとされています（松下佳代・京都大学高等教育研究開発推進センター編『ディープ・アクティブラーニング　―大学授業を深化させるために』勁草書房、2015年）。ここには、考えたこと（より正確には、考えつつあること）をいったん言葉や図などにして外に表してみることで、そこから触発されたり他者との相互作用が生まれたりして、思考が活性化するという発想が見られます。これも一種の表現と理解の相互循環といえるでしょう。
　表現をこのようなものとして捉えることによって、単なるオマケ的存在ではなく、学習をより豊かにするものとして、表現を授業のなかで活用していくことができるでしょう。
　表現と理解の相互循環という発想は、実は、本書でセッション①〜⑧を

通して行ってきたことそのものでもあります。本書では、授業づくりについて学ぶうえで、指導案を徹底的に作り込み、実施時には計画がどれだけ効果的に達成できたかという観点からチェックを行う、という道筋（いわば、授業づくり版の、理解から表現への一方通行）はとりませんでした。そうではなく、粗い部分はあってもまずは授業を行ってみて、そこで起きたことをもとに考えてさらなる試行を行う、という道筋（表現と理解の相互循環）をとってきました。表現してみる、他者と関わる、それにより触発されて新たな気づきが生まれる。子どもたちにとっても必要なそうした学び方を教師自身も体験できる場に、模擬授業とその検討会がなればと願います。

考えよう & 交流しよう

1. 谷川俊太郎の詩「わるくち」をまずは一人で音読してみよう。次に、「ぼく」と「あいつ」が発した言葉の部分（「ぼく　なんだいと　いったら／あいつ　なにがなんだいと　いった」の下線部）を抜き出して、誰かと一緒に「ぼく」と「あいつ」の役を割り振って読み合わせをしてみよう。さらに、「ぼく」や「あいつ」が何者か、どんな状況か、など設定を考えていろいろな言い方や動きを試し、違いを楽しもう。最後に、教室で子どもたちとこの詩を使って活動を行うならばどのように進められそうか、考えてみよう。

2. これまでの自分の経験のなかで、表現してみる（話し言葉、書き言葉、製作、身体表現など）ことで思考が刺激されて何かが見えてきたり何かに気づいたりした場面はないか、考えてみよう。

3. 今まで自分が行ったり見たりした授業から、ペアやグループで意見を「まとめて」発表することを求めていた場面を思い起こそう。その場面で目指していたことは何かを考えて、他にも意見の交流や共有のためのやり方があるか検討してみよう。

ちょんせいこ『ちょんせいこのホワイトボード・ミーティング ―クラスが落ち着く!!低学年にも効果抜群』小学館、2015 年

　ミニホワイトボードを使ってそれぞれの考えを可視化し、交流や共有に役立てるためのやり方を解説しています。小学校低学年から使えます。岩瀬直樹・ちょんせいこ『よくわかる学級ファシリテーション② ―子どもホワイトボード・ミーティング編』解放出版社、2011 年もあわせてオススメ。

杉江修治『協同学習入門 ―基本の理解と 51 の工夫』ナカニシヤ出版、2011 年

　協同学習を、グループ学習といった特定の手法としてではなく、教育の原理として捉え、その意義や具体的な工夫の仕方を述べた本です。協同学習の入門書として分かりやすい 1 冊です。

| ミニレクチャー ⑧ | 実際の授業の振り返りに応用するには |

本書では、模擬授業＆検討会をとりあげ、授業の試行とそのリフレクションを通して授業づくりを学ぶという学び方について述べてきました。それでは、そこで身に付けた振り返りの仕方を、実際の教室での授業の振り返りにどう役立てることができるでしょうか。

▶ 実際の教室での授業の振り返り

ミニレクチャー⑥では、検討会での振り返りの深め方について話をしました。そこで述べた、検討会が、授業者と他の参加者との間での「対決」の場になりがちだというのは、実際の学校での授業の場合にも当てはまります。実際の学校での授業は、子どもたちにとって一回きりで取り替えの利かないものであるだけに、参観者から「あそこはああしたほうが…」などと言われると、授業者はどうしても「いや、自分はこう考えてこうしたのであって…」と自分のやり方を正当化したくなりますし、そうなるとよけい参観者のほうも、自らの主張の正当性を訴えたくなるもの。けれども、各々が自分の信念を強化するようなやりとりに陥ってしまっては、振り返りの意味がありません。

大事なのは、授業が一回きりの出来事である事実を尊重し、そこで起きたことをさまざまな立場から読み解いて、授業者と参観者が共にその意味を深めることです。そこで授業者にも参観者にも共有できる問い（事前にそれが授業者や参加者に見えていたとは限りません）が浮かびあがってきたときにはじめて、「こんなやり方をしてみたら」といった提案が役立つことになります。

したがって、ミニレクチャー⑥で述べた、「評価」や「助言」から話を始めない、学習者が記入したワークシートなどを見合うなどのポイントは、ほぼそのまま実際の授業の振り返りにも役立ちます。自分が授業者として検討会に臨む場合にも参観者として参加する場合にも、活用することができます。

小グループに分かれてざっくばらんに授業での出来事を交流する

▶ 参観するときどこから授業を見ているか

　模擬授業で「子どもはどう考えていたのか」「子どもはどう感じていたのか」といった内容を出し合うことが大事だったのと同様、実際の授業の検討会でも、子どもの姿を語り合うことが重要です。もっとも、模擬授業の場合は、それらを子ども役から直接検討会で話してもらうことが可能でしたが、実際の授業の場合には、通常それが困難です。そのため、子どもが記入したワークシート等を参照することに加え、授業者や参観者が授業中の子どもの姿をよく観察してキャッチする必要があります。「○○さんの発言があったとき、□□さんの表情がこんなふうに動いた」、「○○さんが最初はノートにこんなふうに書いていたけれど、隣の□□さんに『……』と言われて、少し悩んでから『……』と書き加えた」といった見取りが役立ちます。

　その際、自分自身の学び手としての感覚を働かせながら、子どもたちに寄り添って彼らの姿を捉えることが大切です。「自分だったらプリントのこの部分、特に意識せずスルーしていたかもしれないけれど、○○くん、そうきたか。ここが気になったんだな」といったような捉え方です。それがないと、いくら子どもに注目するといっても、子どもがきちんと授業を受けているかのチェックだけになってしまったり、検討会で「○○さんはこうしていた」という「客観的事実」を授業者につきつけるだけになって

しまったりする恐れがあるためです。

　さて、みなさんは、授業を参観するとき、教室のどこに立って眺めているでしょうか。教室の前方や中程（図1のAやD）でしょうか、教室の後方（図1のBやC）でしょうか。

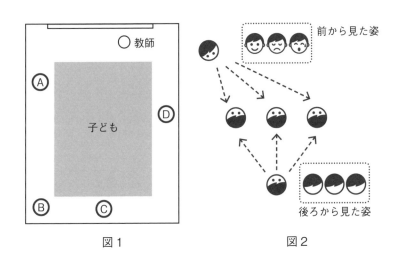

図1　　　　　　　　図2

　一般的には、教室の後方（BやC）に陣取る人が多いようです。教師のふるまいが見られれば十分と考えるのでしょう。けれども、ここまで繰り返してきたように、授業の振り返りには、学習者の側がどうだったかという視点が不可欠です。学習者、つまり子どもたちの反応を知るには、子どものちょっとしたふるまいや表情をよく見ておくことが必要。そして、図2に示すように、（子どもが前を向いて座っているという想定のもとですが）前方から見るのと後方から見るのとでは、視界に入るものに違いがあります。後方から眺めた場合、見えるのは子どもの後頭部と背中ばかりということになりかねません。先ほどあげた「□□さんの表情がこんなふうに動いた」といった見取りを行うためには、教室の前方や中程（AやD）に立っておく必要があるでしょう。また、グループに分かれて子どもが話し合いを行っているときには、（授業の進行上問題がなければ）そのグループのそばに行って腰を下ろして、子どもたちの話に耳を傾けるのも

183

有効でしょう。

　もちろん、教室の前方や中程（AやD）に立って参観するのが常に「正しい」ということではありません。子どもの座席配置によっては別の位置のほうが子どもの姿を見やすい場合もあるでしょうし、参観できる位置が制限されている場合もあるでしょう。また、あえて文字通り子どもの目線で授業を体験してみようという意図のもと、（もちろん授業者の了解があればの話ですが）欠席している子どもの席に座って「参観する」というのも面白いでしょう。大事なのは、漫然と「授業を参観する＝教師の授業のやり方を見る」と考えて後方の壁にへばりつくのではなく、授業で起きる出来事からより多くを学べるように「どこから何を眺めるか」に意識的になることです。

　ただし、当然のことながら、授業はあくまで子どもたちのために行われているもの。多数の参観者でグループ活動中の教室を動き回ると、本来生じたであろう、グループ間の無意図的な相互交流（たまたま他のグループの様子が目に飛び込んできたり漏れ聞こえてきたり）を遮断して、学習の発展を阻害してしまうようなことにもなるかもしれません。その場で行われていることに対する敬意を忘れず、参観する自分たちのふるまいが邪魔になっていないか意識するようにしましょう。

　一般的には、実際の授業のほうが模擬授業の場合よりも学習者が大勢いることでしょう。それだけ、そこで起きている出来事が多様であるということ。授業者一人ではとうていそれらすべてを見取ることはできません。だからこそ、参観者がさまざまな子どもの姿をキャッチし、それを検討会で出し合うことが大きな意味をもちます。それぞれがキャッチした子どもの姿を出し合って交流し、深めるための問いを模索しながら、授業者と参観者とが共に学び合える検討会を行いましょう。ちょうど本書のセッションで、学生たちが「かえりみる」「深める」を経てより掘り下げた話し合いを行っていたようにです。

▶ 模擬授業との違い　―歴史的・文化的・社会的文脈
　模擬授業と実際の授業の振り返りの違いは、検討会時に学習者から直接

フィードバックをもらえるかどうかということのみにとどまりません。そこには重要な違いがあります。それは、実際の授業の場合、学校や教室が歴史的・文化的・社会的文脈をもってそこに存在し、また、教師や子どもたちもそれぞれの文脈を背負っているということです。

　授業中、ある子どもが直前の子どもの発言とほぼ同じ内容の短い発言をしたとしましょう。それは、学習内容についての議論の進展という観点からは、大きな意味はもたないかもしれません。けれども、もしかするとその子は、それまでクラスのなかで発言したことがなく、全員の前で声を発した（そしてそれを他の子どもたちや教師がごく自然に受け止めた）ということ自体に価値があるのかもしれません。あるいは、その子には、たとえ他の子と同じ内容でもその点に関しては一言言っておかなければならないような背景があって、発言はその現れだったのかもしれません。

　このように、授業中の出来事をさまざまな文脈から解釈しようとすることが、実際の授業の振り返りにおいては大切です。もちろん、公開研で初めて見るクラスなど、文脈を知ることが難しい場合もあるでしょう。けれども、だからこそ、授業者が何を大事にしようとして何にこれまで取り組んできたのか、子どもをどう捉え何を願ってきたのかなど、授業者から引き出そうとする姿勢が参加者には必要となります。

▶日本の学校での「授業研究」の伝統と挑戦

　授業の「正しい」やり方を追求するようなものとは異なるタイプの検討会は、これまでの日本の学校においても取り組まれてきました。

　1980年代末に十和田市立三本木小学校の伊藤功一校長が取り組んだ校内での授業研究は、そうしたものの一つです（伊藤功一『校内研修　―教師が変わる・授業が変わる』国土社、1990年）。伊藤校長は、学年や学校全体に共通する指導の型を生み出すことを目的とはせず、「自分自身の授業の創造をめざす」ということを研究主題に掲げました。そして、教師がそれぞれの教材解釈に基づいてそれぞれのやり方で「子どもたちと誠実にむきあう授業」を目指せるよう、授業研究を年間計画に基づいて教科ごとに行うものにとどめず、その多様化・日常化を推進しました。

1998年に開校した茅ヶ崎市立浜之郷小学校の授業研究の進め方も、三本木小と同様、共通の型を求めない、「うまい授業」を求めない、日常的に授業研究を行うといった特徴をもちます（大瀬敏昭他『学校を創る　─茅ヶ崎市浜之郷小学校の誕生と実践』小学館、2000年）。それだけでなく、大瀬敏昭校長の「授業公開にあたっては、事前にあまりエネルギーを注がない。事後の研究会を充実させる」という方針のもと、「教材の解釈と発問や指示の是非を問う」のではなく、ビデオ記録を使って「教材の選択と教師の関わり方がどう子どもの学びを触発し、聴きあい学びあう関係が育まれているか」を中心に検討する検討会を進めてきました。

　教育学者の佐藤学氏は、授業研究には2つのタイプがあるとしています（稲垣忠彦・佐藤学『授業研究入門』岩波書店、1996年）。1つは、授業を「技術的実践」として捉えて「どの教室にも通用する一般的な技術的原理を探究する」タイプのもの。もう1つは、授業を「反省的実践」として捉えて、「教室の事実と事実の間の見えない関係を読みとって、そこに生起している出来事の意味や経験の意味を探究する」タイプのもの。本書で述べてきた授業の検討会のあり方はもちろん後者に当たります（「反省的実践」の「反省」は、本書で「リフレクション（省察）」として述べてきたものに相当します）。佐藤氏は、後者のタイプの「探究」により、個々の教師のなかに「実践者としての省察と選択と判断を支える実践的見識」が形成されていくのだとしています。リフレクションを通じた学び方によって考え方を培っていくという本書の趣旨と重なるものです。

　子どもの姿を語り合いリフレクションを通して教師らが自律的に学ぶ授業研究がどのようにして可能になるのか、また、校内の教師がそれをどのように経験するのか。教育心理学者の鹿毛雅治氏、教育学者の藤本和久氏、大島崇氏は、公立小学校の校内授業研究への継続的な関わりをもとにそうした問いに答えようとしており、授業研究を通しての長期的なスパンでの教師集団の変容を考えるうえで、参考になります（鹿毛雅治・藤本和久編著『「授業研究」を創る　─教師が学びあう学校を実現するために』教育出版、2017年）。

▶ 自分が授業するときには

　授業に参観者がいて、授業者と参観者とが一緒に授業後に振り返りを行えるような場合を中心に話を進めてきました。それでは、参観者がいない場合、つまり、参観者なしで自分が子どもたちと行った授業に関して振り返りを行って学びを引き出したい場合にはどうすればよいでしょうか。

　子どもたちがどう考えたか、どう感じたかに目を向ける必要があるというのは、本書でここまで述べてきたことと同様です。子どもの学習の姿を捉えることが、振り返りの出発点となります。

　もっとも、自分が授業を行いながら同時に子どもの姿をキャッチするというのはなかなか難しいもの（それができるということイコール授業を柔軟に行えるようになっているということでしょうから）。子どもの姿に基づいた振り返りを行うための手がかりを 3 つ紹介しましょう。

①子どもに聞く

　「今日の活動でどこが一番気になった？」、「…のとき、○○さん、『……』って言ってたけど、あれってどういうことだったの？」など子どもに尋ねるのは、直接的ではありますが最も基本的で大事な方法です。一対一で教師が聞くのではなく、子ども同士でしゃべってもらうのを聞くというやり方もあります。子ども同士だとより本音に近い話が出ますし、子どもが自分たちの学習の仕方に意識的になることにもつながります。

②ビデオカメラや IC レコーダーで記録して見直す

　ビデオカメラでの動画の記録はもちろん、IC レコーダーでの音声の記録も、子どもの具体的な事実に基づいた振り返りのために役立ちます。なお、ビデオカメラで撮影する場合、子どもの姿を写せるよう、教室前方にカメラを設置してレンズを子どものほうに向けておく必要があります。2 方向を同時に撮影して一方を「子画面」として入れ込める機能（Panasonic 製品の「ワイプ撮り」機能）がついたビデオカメラであれば、固定した状態で、授業者の姿と学習者の姿を同時に撮影することができます。

③実践記録を書く

「実践記録」とは、ミニレクチャー⑦で紹介したように、教育活動における具体的な出来事、エピソードを綴ったものです。（学生のみなさんの場合は、自分が授業を行うようになったら）こうした記録をぜひ自分でも書いてみましょう。そのように記録に書くことで、授業中どんな出来事があったか、子どもの様子がどうだったか、思い出す必要に迫られます。それが、授業中に起こることをその場でより捉えられるようになることにもつながります。書こうとすることで見えてくるわけです。また、このように記録を残していくことで、「子どもができたかできなかったかにばかり注目している」、「○○さんの話が全然出てこない」など、自分の見る目の偏りに気づくこともできます。書く行為を通じて、自分の無意識的なふるまいを意識化することができるのです。

授業者による実践記録は、授業の録音の文字起こしや第三者による観察記録と比べると、授業者自身の内面の動きを書き込めるという特徴があります。自分が何に苛立ちを感じたり興味を引かれたりしたか、書くことを通して見つめることで、自分が当然視してしまっていることや大事にしているものなどを浮かびあがらせることができます。

その他、実践記録の書き方に関しては、特別支援教育に長くたずさわってきた竹沢清氏が、『子どもが見えてくる実践の記録　―「困った子」ではなく、「困っている子」として』（全国障害者問題研究会出版部、2005年）において、「『私は』という主語を入れる」、「主観で切り取り、客観でつめる」、「イメージを伝え（文学性）、事実でつなぐ（科学性）」などのポイントを紹介しています。また、『子ども理解のメソドロジー　―実践者のための「質的実践研究」アイディアブック』（中坪史典編、ナカニシヤ出版、2012年）では、幼稚園教諭の松本信吾氏が「エピソード記述」の仕方に関して、保育の事例を使って、「自分に感じられたことや自分の思い入れを入れて描いてみよう」、「第3の態度で読み直し、リライトしてみよう」といったポイントを挙げています。いずれも、教科の授業に焦点を合わせたものではありませんが、実践記録の書き方として参考になります。

実践記録を書いたら、ぜひ、他人に読んでもらいましょう。ミニレクチャー⑦でとりあげたような実践の交流会で報告するのも一つですし、信頼できる誰かに個人的に読んでもらうのもよいでしょう。実践を書くことと他者にそれを読んでもらうことによる振り返りの促進については、実際のやりとりが収められた『子どもが学ぶ、先生も学ぶ　みんなのきょうしつ』（岩瀬直樹・中川綾、学事出版、2015年）が興味深いです。

付録セッションは、「試みる」「かえりみる」までしかありません。その後の「深める」「広げる」は自分（たち）で考えてみましょう。

小5外国語「What sport do you like?」

▶▶ 課題

Do you like...? のフレーズを使って相手の好きなものを尋ねたり、それに答えたりできるようになるための授業を行いなさい。

※自分で学習指導要領の「外国語」の項目を見て確認してみよう。

試みる

武史先生

武史先生：Let's start English class! OK?

子どもたち：OK!

武史先生：Good morning, everyone. How are you today?

アキラ、ユカ、リエコ：I'm fine, thank you. ／サキ：Not bad.

子どもたち：（武史先生の手招きに合わせて）And you?

武史先生：I'm great! Thank you.

武史先生：はい、前回の授業で、好きなものを言う言い方を勉強しました。覚えていますか？

　　　武史先生、絵カード6枚を黒板に貼る。

武史先生：まず単語の発音をしてみましょう。Repeat after me. Chocolate. （全員「Chocolate」）Ice cream. （全員「Ice cream」）Cookies. （全員「Cookies」）Milk. （全員「Milk」）Orange juice. （全員「Orange juice」）Tea. （全員「Tea」）

武史先生：先生はアイスクリームが好きなので…。I like ice cream. Repeat after me. I like ice cream.

子どもたち：I like ice cream.

武史先生：I like ice cream.

子どもたち：I like ice cream.

武史先生：ではみなさんも、どれか1つ選んで、I like... の形で言ってください。ユカさんから。

ユカ：えーっと、I like chocolate.

サキ：I like orange juice.

リエコ：I like cookies.

アキラ：I like ice cream.

武史先生：それで、今日は、相手に好きなものを尋ねたりそれに答えたりする言い方の勉強をします。（黒板に短冊「Today's goal」「相手に好きなものをたずねたりそれに答えたりできるようになろう」を貼る。）やってみますね。

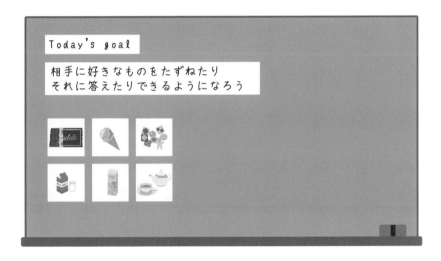

武史先生：（ユカに向かって）Do you like chocolate? ユカさんは、チョコレートが好きなわけなので、Yes, I do. と答えます。ではやってみましょう。（ユカに向かって）Do you like chocolate?

ユカ：Yes, I do.

武史先生：Good. では全員で。Repeat after me. Do you like chocolate?（全員「Do you like chocolate?」）Do you like chocolate?（全員「Do you like chocolate?」）Yes, I do.（全員「Yes, I do.」）Yes, I do.（全員「Yes, I do.」）

武史先生：じゃあ、みんなでユカさんに向かって尋ねてみましょう。

武史先生、アキラ、サキ、リエコ：Do you like ice cream?

ユカ：Yes, I do.

武史先生：では次に、サキさんにオレンジジュースで。

武史先生、アキラ、ユカ、リエコ：Do you like orange juice?

サキ：Yes, I do.

武史先生：こうなったら、次に、嫌いだったらどう答えたらよいか、気に
　　なりますよね。そのときはこう答えます。先生に向かって、Do you like
　　milk? と尋ねてみてください。

子どもたち：Do you like milk?

武史先生：（顔をしかめて）No, I don't. もう 1 回。

子どもたち：Do you like milk?

武史先生：No, I don't. こんなふうに、嫌いなときには、No, I don't. と答
　　えます。Repeat after me. No, I don't.（全員「No, I don't.」）No, I don't.
　　（全員「No, I don't.」）

武史先生：リエコさん、（絵カードを指しながら）このなかで何か嫌いなも
　　のはありますか？

リエコ：えーっと…、ありません。

武史先生：あ、そしたら、何か苦手な食べ物は？

リエコ：納豆かな…。

武史先生：では、みんなで尋ねてみましょう。納豆は natto で。

武史先生、アキラ、サキ、ユカ：Do you like natto?

リエコ：No, I don't.

武史先生：アキラくんは苦手なものは？

アキラ：オレンジジュースです。

武史先生：ではみんなで。

武史先生、サキ、ユカ、リエコ：Do you like orange juice?

アキラ：No, I don't.

武史先生：はい、こんなふうに、相手に好きかどうか尋ねたいときには、
　　Do you like…? という言い方を使って、それに答えるときには、Yes, I
　　do. とか No, I don't. とかいうふうに答えます。

武史先生：では今から、この言い方を使って、好きなもの当てゲームをし

ます。今度は、スポーツでやります。まず、単語を発音してみましょう。

　　武史先生、スポーツの絵カード7枚を黒板に貼る。

武史先生：Repeat after me.

　　子どもたち、武史先生の後について、次の7つを2回ずつ復唱する。

baseball, soccer, basketball, swimming, tennis, running, table tennis

武史先生、ワークシートを配布する。

みんなが好きなスポーツは何かな				NAME_____			
好きな もの 名前							

武史先生：ではみなさん、この7つのなかから自分が好きなものを2つ決めてください。

　　（少し待って）いいですか？　決まりましたか？　この後、ペアになって、お互いにインタビューします。ワークシートの表の「名前」のところに相手の名前を書いておいてください。Do you like...? と相手に尋ねて、相手がそのスポーツを好きだったらそこに○を書いて、そうでなかったら×を書いてください。交互に質問していって、早く相手の好きなスポーツを2つとも当てたほうが勝ちです。OK?（子どもたち「OK.」）Let's start!

付録セッション

1

小5外国語「What sport do you like?」

サキ & ユカ　ペア

　サキ：Do you like tennis?

　ユカ：Yes, I do. うわ、いきなり当てられた〜！（サキ「ラッキー！」）

　　　　Do you like soccer?

　サキ：No, I don't. Do you like... basketball?

　ユカ：No, I don't.（ほっとした表情）Do you like baseball?

アキラ & リエコ　ペア

　リエコ：Do you like soccer?

　アキラ：No, I don't.（リエコ、意外そうな表情）Do you like table tennis?

　リエコ：No, I don't. Do you like swimming?

　アキラ：…Yes, I do.（悔しそうな表情）Do you like running?

武史先生：（2分ほど経ったところで）勝負はつきましたか？　2つとも当
　　てられていても当てられていなくても、ここで区切りにして、ペアを変
　　えてやってみます。

　　　アキラ & サキ、ユカ & リエコで同じように好きなもの当てゲームを行う。

武史先生：（2分ほど経ったところで）OK. Stop!　はい、みなさん、相手の
　　好きなスポーツを当てることができましたか？　合計4つ当てることが
　　できたっていう人？（サキ挙手）3つ当てることができたっていう人？
　　（アキラ、リエコ挙手）2つ当てることができたっていう人？（ユカ挙手）

武史先生：はい、今日は、相手に好きなものを尋ねる言い方の勉強をしま
　　した。Do you like...?　しっかり覚えておいてくださいね。

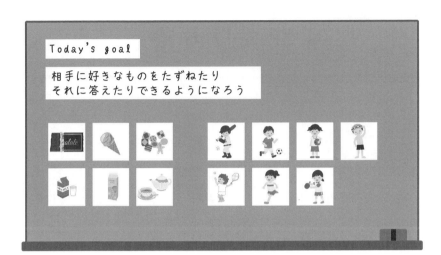

かえりみる

明：楽しかった！

梨恵子：テンポよかったね。

咲希：4つ当てられてうれしい。(笑)

由香：2つしか当てられなかった…。

梨恵子：質問したり答えたりって繰り返してたら、自分が決めてた「好きなスポーツ」がどれだったか忘れそうになった。

明：あ、分かる。頭混乱しそうになった。

由香：相手のはワークシートに書いていくからいいんだけどね。

梨恵子：そうそう、明が Do you like soccer? に Yes じゃなかったのが意外だった。

明：あ、あれ、サッカー好きなのはバレてるかなって思って、あえて外してた。

咲希、由香、梨恵子：え〜っ。

武史（授業者）：そうだったんだ…。

咲希：前半のほう、どう英語で尋ねたらいいかっていうのが、すごく分かりやすかった。

由香：うん、私英語苦手だけど、大丈夫だった。武史先生が牛乳嫌いで Do you like milk? に No, I don't. って答えるところがなんかすごい納得した。

明：あと、梨恵子の Do you like natto? への No, I don't. も。(笑)

咲希：後半、「好きなもの当てゲーム」の形にしたのってなんで？

武史（授業者）：ただ Do you like...? って質問し合うだけじゃなくて、目的があったほうがいいかなって思って。

由香：目的？

武史（授業者）：うん、相手の好きなものを当てるっていう。

由香：たしかに白熱した。

明：相手の好きなもの当てられたときには思わず「よっしゃっ！」って叫びそうになった。てか叫んでた。（笑）

梨恵子：そういう子、教室にもいる。すぐテンション上がる子。（笑）

咲希：ゲーム楽しかったんだけど、最後、「4つ当てることができた人？」とか聞いてるとき、なんかちょっと引っかかったんだよね…。それが目的だったのかなっていう。

由香：あー、当てることばっかり目指しちゃうっていうのはあるかも。

明：当たればいいってことで、だんだん、尋ねるのが機械的というか作業的になってくる感じはする。

由香：前半の例示での、梨恵子が納豆好きか聞かれたときの No, I don't. みたいな納得感はないよねえ。

咲希：そうそう、私、ペアでやりとりしてて自分が No, I don't. って答えた後、思わず I like... って正しいのを言いそうになっちゃったんだけど、「あ、これバラしちゃダメなやつだ」って思って踏みとどまった。

梨恵子：あ、分かる。

明：俺の場合、正直、スポーツ全部好きだからなあ…。今回はあえて2つに絞ったけれど。

梨恵子：せっかく、サッカー好きなはずと思って尋ねたのに。

咲希：「相手の好きなものを当てる」っていう「目的」って、何なんだろうねえ。

由香：どういうこと？

咲希：たしかにそれも「目的」かなとは思うんだけれど、当ててどうなるんだろうという気持ちもあって。英語でコミュニケーションとれるようになるということにつながるのかな。

武史（授業者）：うーん。

梨恵子：うーん。楽しく学べるっていうのは大事なことだとは思うんだけれど。考えてみると難しいよね…。

この先どんなふうに深めたり広げたりできるか、考えてみましょう。
誰かと一緒に読み合わせをして、実際に自分たちも「好きなもの当てゲーム」をやってみながら、考えてみましょう。

小2算数「長さをはかろう」

▶▶ 課題

ミリメートル（mm）、センチメートル（cm）、メートル（m）といった長さの単位について教えていく前段階として、普遍単位（世界で共通に使われる単位）の必要性に気づかせる授業を行いなさい。

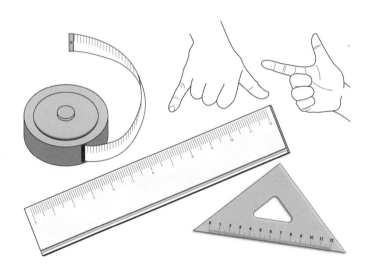

学習指導要領（2017年公示版）

□算数 第2学年「内容」「C 測定」より
(1) 量の単位と測定に関わる数学的活動を通して、次の事項を身に付けることができるよう指導する。
　ア 次のような知識及び技能を身に付けること。
　　（ア）長さの単位（ミリメートル（mm）、センチメートル（cm）、メートル（m））及びかさの単位（ミリリットル（mL）、デシリットル（dL）、リットル（L））について知り、測定の意味を理解すること。
　　（イ）長さ及びかさについて、およその見当を付け、単位を適切に選択して測定すること。
　イ 次のような思考力、判断力、表現力等を身に付けること。
　　（ア）身の回りのものの特徴に着目し、目的に応じた単位で量の大きさを的確に表現したり、比べたりすること。

試みる

由香先生

由香先生：今日は、みんなが大事に育てているトマトの葉っぱの絵を描いてきました。（葉っぱの絵を3点取り出して見せる。）

　　サキはっぱ　　　　リエコはっぱ　　　　タケシはっぱ

アキラ：（葉っぱの絵を見て）赤い線（※上のイラストでは黒の太線）が引いてある。

由香先生：はい。今日はこれを使って長さの勉強をします。（黒板に貼りながら）これはサキさんの葉っぱ、これはリエコさんの葉っぱ、これはタケシさんの葉っぱです。（黒板に「サキはっぱ」「リエコはっぱ」「タケシはっぱ」と書く。）この3つの葉っぱのなかで一番長いのは誰の葉っぱでしょう。予想でいいですよ。

タケシ：タケシ葉っぱ？

リエコ：私もタケシ葉っぱ。

アキラ：リエコ葉っぱももしかしたら同じくらいかも。

由香先生：そう、分かりにくいですね。そこで、今日のめあてはこれです。
　　　由香先生、黒板に書く。「めあて　線の長さをわかりやすくあらわすにはどうしたらよいか考えよう。」

由香先生：一緒に読みましょう。せーの。

子どもたち：線の長さをわかりやすくあらわすにはどうしたらよいか考えよう。

由香先生：さて、みなさんは１年生のときにも長さの勉強をして、机の縦と横の長さを比べたりしましたね。今日は、この３つの葉っぱを使って、一番長い線の長さをどのように表したらよいか、考えてもらいたいと思います。（３つの葉っぱが印刷されたプリントを配る。）葉っぱの真ん中に引かれてる線の長さをみんなに測ってもらいます。２つの班に分かれて、そのなかで協力しながら、どれくらいの長さか調べてみましょう。

1 班：アキラ＆リエコ、２班：サキ＆タケシ

それぞれの班で相談しながら作業をする。線の横に指を置いてどこまでの長さになるか調べたり、手近にあるものを線に沿って押し当てていくつ入りそうか調べたりする。由香先生は、その間に黒板に表を書いている。

	1 ぱん	2 はん
サキ はっぱ		
リエコ はっぱ		
タケシ はっぱ		

由香先生：じゃあ活動をやめてください。これからみんなに、どれだけの長さだったか発表してもらおうと思います。班で発表するのを１つ決めて発表してください。ではまず１班から。サキ葉っぱはどれくらいだった？

アキラ：３個分と４個分の間。４個分まではいかないくらい。

由香先生：３個分とちょっと。（言いながら黒板の表の該当部分に丸マグネットを３つ貼って「とちょっと」と書く。）あ、何で調べた？

アキラ：ペットボトルのキャップ。（由香先生、表の「1 ぱん」の下に「キャップ」と書く。）

由香先生：リエコ葉っぱは？

アキラ：３個分と半分。（由香先生、黒板に丸マグネットを３つ貼って「とは

んぶん」と記入。）

由香先生：タケシ葉っぱは？

アキラ：4個分とちょっと。（由香先生、黒板に丸マグネットを4つ貼って「とちょっと」と記入。）

由香先生：はい、ありがとう。じゃあ2班は？　何で調べた？

サキ：消しゴムで調べました。（由香先生、表の「2はん」の下に「けしゴム」と書く。）

由香先生：じゃあいきましょう。サキ葉っぱは？

サキ：消しゴムが3つ分。（由香先生、黒板に丸マグネットを3つ貼る。）

由香先生：リエコ葉っぱは？

サキ：2つと半分。（由香先生、黒板に丸マグネットを2つ貼って「とはんぶん」と記入。）

由香先生：タケシ葉っぱは？

サキ：3つとちょっと。（由香先生、黒板に丸マグネットを3つ貼って「とちょっと」と記入。）

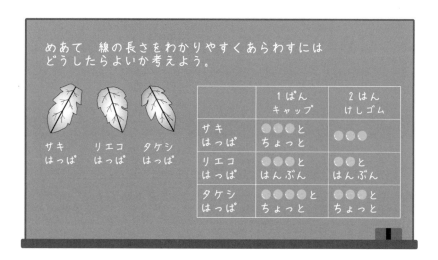

由香先生：どうですか？　このなかで一番長いのはどれだろう。

リエコ：タケシ葉っぱ。

由香先生：タケシ葉っぱ？　タケシ葉っぱだと思う人？（全員手を挙げる）

アキラ：1班のタケシ葉っぱが一番長い。

由香先生：じゃあ、タケシ葉っぱが一番長そうって分かったから、ここに
　　注目してみるよ。（表の「タケシ葉っぱ」の行をぐるっとチョークで囲む）
　　みんなこれを見て何か気づいたことあるかな？

リエコ：個数が違う。

由香先生：ほんとだ。4つと3つ。
　　他にある？

	はっぱ	はんぶん	はんぶん
タケシ はっぱ	●●●●と ちょっと	●●●と ちょっと	

タケシ：「ちょっと」は一緒。

由香先生：「ちょっと」は一緒だね。他にある？

子どもたち：……。

由香先生：リエコさんが言ってくれたけど、タケシ葉っぱ、同じ長さのは
　　ずなのに、個数が違うよね。なんでだろう。

サキ：使ったものが違うから。

アキラ：キャップと消しゴムだから。

由香先生：そうだね。測るのに使ったものが違ったね。ちょっと貸して。
　　（1班のキャップと2班の消しゴムを手に取り、キャップと消しゴムを重ね合
　　わせて見せながら）1班が使ったキャップと2班が使った消しゴムは、
　　ちょっと長さが違うね。長さが違うもので測ったから違っちゃったのか
　　な。これ、ちょっと、分かりにくくない？

タケシ：…うん、分かりにくいかな。

アキラ：1班のサキ葉っぱと2班のタケシ葉っぱが同じになっちゃう。

由香先生：例えば、校長先生に、「トマトの葉っぱ、消しゴム3つ分でし
　　た」って言ったら伝わるかな？

サキ：消しゴム持っていけばいい。

由香先生：うん、そうだけど、いつも持ってるかなあ…。じゃあ、今日の
　　めあてにちょっと足して、（黒板に書いためあてに「もっと」という吹き出
　　しを貼り付ける）長さをもっと分かりやすく表すにはどうすればよいか、
　　考えてもらいたいと思います。どうしたらもっと分かりやすく表せる
　　か、班で話し合って、ノートに書いてみてください。

めあて　線の長さをわかりやすくあらわすには
どうしたらよいか考えよう。

もっと

1 班

リエコ：「もっとわかりやすく」って…。

アキラ：「キャップ4個分とちょっと」とかでも分かりやすい気もする
　　　　けど。

リエコ：でもペットボトルのキャップって、実はこれちょっとずつ大き
　　　　さ違うよね。

アキラ：あ、そうなんだ。じゃあ、このキャップを使うって決めてお
　　　　く？　コラコーカ社の「いもはす」の555mlボトルのキャップ、とか。

リエコ：それでみんな分かるかなあ。

2 班

サキ：みんなが持ってるもので測ればいいんじゃない？

タケシ：指？

サキ：指？　指は長さ違うんじゃない？

タケシ：じゃあノートとか…。

サキ：ノート？

タケシ：ノートのマス目を使って、その上に置いてみるとか。

由香先生：じゃあ発表してもらいます。まずは1班から。

リエコ：使うペットボトルのキャップを決めておく。

由香先生：なるほど。2班は？

タケシ：ノートのマス目を使って、それのいくつ分で表す。

由香先生：みんなが持ってるノートのマス目を使うんですね。

　　こんなふうに、物の長さを表すときには、これのいくつ分で表すって
いうのを決めておくと便利です。そういうのを、「単位」と言います。

　　次の時間は、長さの単位について勉強していくことにします。

206

かえりみる

由香(授業者):難しい！ 単位を理解してもらうのって。

咲希:私たちはもう分かっちゃってるもんね。

明:授業面白かったよ。同じ長さって分かってても、黒板の表にあるように、1班は4つ、2班は3つになっているのを見ると、「えっ」ってなった。

咲希:そうそう、「あれっ、1班のほうが長いんだっけ」って一瞬思ったり。

梨恵子:あれって想定してた答えだったの？「○○とちょっと」とか。

由香(授業者):「ちょっと」はちょっと焦った。(笑)最初に1班から出た「3個分と4個分の間」を「3個分とちょっと」って言っちゃったから…。

武史:うん、「ちょっと」と「はんぶん」ってどっちのほうが多いんだろうって気になった。(笑)

明:そうそう、途中で先生が「キャップ」とか「けしゴム」とか書いてくれたけど、何で測ってるかっていう意識は弱かった気がする。「何個分」のほうに意識がいっちゃって、「何が何個分」の「何が」の部分が抜けちゃう、みたいな。

梨恵子:これって、先生側としては、同じもので測らないと不便、みたいなところにもっていきたかった？

由香(授業者):うん、そう。課題がほら、「普遍単位の必要性」だし、センチメートルとかに入る前段階として。

梨恵子:そっかそっか。

武史:あー、あれだよね、算数科教育法の授業でやった…。

梨恵子:直接比較、間接比較、任意単位、普遍単位。

武史:そう、それ！(笑)

明:なんか、「もっとわかりやすくあらわすには」っていうのが難しかっ

た。ペアワークのときにも言ったんだけど、「キャップ4個分とちょっと」でも、分かりやすいといえば分かりやすいし。

咲希：そっかあ。「もっと」って言われてもね。自分にとっては分かりやすいわけだし。

梨恵子：「校長先生に、『トマトの葉っぱ、消しゴム3つ分でした』って言ったら伝わるかな？」っていうのは分かりやすかった。あーたしかにそれじゃあ伝わらないなって思って。

武史：あの例はストンと落ちた。

咲希：なんかちょっと話変わるかもしれないんだけど、表のタケシ葉っぱの部分を指して、「これを見て何か気づいたことあるかな？」って聞かれたときは困った。

明：どういうこと？

咲希：気づくも何も、タケシ葉っぱが一番長いってこと分かったんなら、もうそれでいいんじゃないの、みたいな。

梨恵子：そうそう、私も思った。「一番長いのは誰の葉っぱでしょう」っていうことで授業が進んできてたから、「長さをもっとわかりやすくあらわすには」っていうのに戸惑ったというか。

由香（授業者）：そうか。そこがうまくつながってないのかな。

明：これってなんでトマトの葉っぱの長さを比べるって課題だったの？

由香（授業者）：実はこれ、教科書だと魚釣りゲームになってて、3匹の魚のなかで一番長いものがどれかを考えて、その表し方を考えるっていう流れになってるんだけど、魚釣りっていうのもどうかなあと思って、トマトの葉っぱの長さを比べる課題にしてみた。この前見学に行った2年生のクラスで、一人一人鉢植えのミニトマトを育ててたの思い出して。

咲希：へーっ！　そうだったんだ。面白い。

武史：自分たちが育ててる葉っぱの長さを調べるってことなら興味持ちやすそう。

明：全体的にいい感じだったと思うんだけど、なんかピシッと決まりきらない感じがする。どうすればいいんだろうねえ。

この先どんなふうに深めたり広げたりできるか、考えてみましょう。
あなたならここで何をしゃべったり、どんな問いを発したりしますか？

| ミニレクチャー特別編 | 学生や新人教師を育てる立場のみなさんへ |

学生や新人教師を育てる立場のみなさんに、本書のベースにある教師教育の考え方について補足しておきます。

▶ リフレクションとその支援

学生や新人教師が行う授業を見ていて、「なんでここでそうするの!? 下手だなあ〜」などと思うことはありませんか。きっと本書のセッションの授業例にもそういったものがあったかと思います。

そういうとき、ベテラン教師の立場からは、つい「ここはこういうふうにやればいいんだよ」「これを使えばいいんだよ」というように、望ましいと思われるやり方を彼らに教えてあげたくなります。もちろん、そうしたレパートリーをもっていることはベテランの強みですし、それは若手の指導にも役立てられるべきものです。

ただ問題は、学生や新人教師自身に自らの授業への問題意識が芽生えていなければ、そうしたアドバイスも彼らの頭を素通りしていってしまうということ。であるとすれば、彼らを育てる立場にある者がまずすべきことは、彼らが自分の授業を振り返って問題意識をもてるようにすること、つまり、リフレクションの支援です。リフレクションの習慣を身に付けていれば、自らの実践から学び、成長し続けることが可能になります。具体的なやり方についてのアドバイスを本人が必要に応じて役立てることも可能になります。

授業を見て「指導」や「助言」することを求められるようなポジションは、校内のベテラン教師、初任者指導の担当教師から教育委員会の指導主事、教職経験がある大学の実務家教員にいたるまで、多岐にわたります。けれども、そうしたときにどのように授業者（および教師集団）に働きかければ授業をよりよくすることに寄与できるかという課題は、これまでほとんど意識的な検討が行われてきませんでした。また、それについて学べる機会もなかったので、それぞれが無手勝流で取り組むしかなく、うまく

210

いかず悩んだり、一番安易な「こうやればいい」と直接的に示すやり方に頼ってしまったり、といったことが少なからず生じてきました。

　この背景には、授業がうまい教師であれば他の教師の授業へのアドバイスも効果的にできるはずだという想定が見られます。もちろん、両方を備えている先生も多数おられます。けれども、この想定が確実なものではないことは、名選手が名コーチであるとは限らないという事実を思い出すまでもなく、明らかでしょう。授業づくりの「名コーチ」になるためには、それ独自の専門性とトレーニングが必要となるのです。

　本書で繰り返しとりあげてきたコルトハーヘン氏の『教師教育学』では、教師を育てるための伝統的なアプローチがなぜ成果を上げてこられなかったのか、なぜリフレクションが教師の成長のために必要なのか、それを促すためにどんな具体的方策があるのかといった内容を扱っています。一読をオススメします。

▶「授業力スタンダード」に基づいた項目チェックとの違い

　本書の「ミニレクチャー」で説明してきたようなリフレクションは、「授業力スタンダード」などの名のもとに行われているような、「構造的な板書をしている」「分かりやすい説明をしている」といった教師の行為を示した項目と照らし合わせてのチェックとイコールではありません。自治体や学校によっては、こうしたリストに基づいて「○月までに○項目達成する」のように各自数値目標を立てさせ、授業時にはこれを使った自己評価・相互評価を実施して、年度中の目標達成を目指させるような取り組みを行っているところがあります。そしてそれを、「PDCA サイクルを活用した授業改善」などと呼んでいる場合があります。

　これは、リフレクションやその支援とは似て非なるものです。リフレクションは、本書での５名の学生および「わたあめ先生」のやりとりに見られるように、生じた出来事をもとにそれを多様な視点から眺めて意味を掘り下げていく行為。既定の枠組みに当てはめて良し悪しを判定するものではありません。そもそも、「（教師が）○○をしている」といった、もっぱら教師の行為に注目した項目リストに基づいての自己評価・相互評価から

は、本来授業について振り返るための出発点となるべき、学習者がどのように感じたり考えたりしていたのかといった視点がまったく抜け落ちています。学習者の学びに着目する視点なしに自分の行為ばかりチェックしても、独りよがりの「改善」にしかなりません（なお、上記のような「PDCAサイクルを活用した授業改善」は、「PDCA」の提唱者とされる W. デミング氏がもっていた本来の発想——「差異を排除するのではなく、むしろ積極的に生かす」——からも逸脱しています。古川雄嗣「PDCA サイクルは「合理的」であるか」藤本夕衣・古川雄嗣・渡邉浩一編『反「大学改革」論　—若手からの問題提起』ナカニシヤ出版、2017 年、pp. 3-22 を参照）。

▶ 振り返りの場のもち方

　本書では、模擬授業とその検討会を舞台に、リフレクションを深めることを行っています。けれども、ミニレクチャー⑧でも触れたように、本書で重視してきたような振り返りの場のもち方は、模擬授業に限らず、実際の授業の検討会にも役立つものです。

　その特性をあらためて5点まとめておきましょう。

　1 点めは、授業者とそれ以外の参加者との間のフラットな関係です。両者の間で対決関係になるわけでも、授業者が一方的に教えを請うような関係になるわけでもありません。共に並び立って、授業づくりについて探究していきます。

　2 点めは、その場で生じたことを大事にする姿勢です。振り返りの場では、どこか他所で身に付けてきた教材や進行方法に関する知識を披露し合うのではありません。自分たちがその場で経験したことをもとに対話を行います。

　3 点めは、学習者の視点からの振り返りです。教師が何を行ったかではなく、学習者に何が起きていたかに注目します。しかも、学習者に生じる思考や感情を内側から（本人に寄り添って）捉えようとします。

　4 点めは、話し合いを深めるための問いです。問いがあることで、その授業で生じた困難やよさがその授業に限定されたものではなくなり、より

一般的な問題の一つの現れとして捉えられるようになります。振り返りによって授業のやり方にとどまらず考え方を養っていくうえで決定的に重要な部分です。本書のセッションでは「わたあめ先生」がこうした問いを発する役割を担っていましたが、ミニレクチャー②でも述べたように、本来これは特定の誰かに限られるものではありません。

　5点めは、やってみる、試してみるというフットワークの軽さです。本書のセッションでは、「試みる」における模擬授業の実施ももちろんそうですが、「広げる」においても新たなアイデアを実際にパッと試してみるといった場面がありました。やってみてそこで生じることを大事にするという点で、上の2点めにもつながります。

　学生や新人教師を育てる立場のみなさんには、一対一の指導場面であれ校内研修など集団での場面であれ、こうしたポイントを、実践を振り返って学ぶ場を設ける際に役立てていただけたらと思います。「ここはこういうふうにやればいいんだよ」とやり方を指図してしまう前に、こうしたポイントを活かした振り返りの場を用意できないか考えてみましょう。そして、話し合いの際には、リフレクションをより深めるためにはどんな問いが必要になりそうか、考えてみましょう。

　私自身、教職大学院での教員養成や学校での教員研修、自身が主宰する研究会での現場の先生方との活動などにおいて、こうした特性をもった場を活用してきました。①学生や教師が模擬授業や活動試行をして、そこで起きたことをもとに対話したり、新たに出てきたアイデアを次々試したりする、②それをもとにした実践を実習校や所属校で行う、③何を行って何が起きたか実践報告を行い話し合う、といった一連のサイクルを特徴としています。詳細は以下をご覧ください。

・渡辺貴裕「身体と想像力を活用した学びを教師自らが体験しながら生み出す　─学びの空間研究会の取り組み」石井英真編著『教師の資質・能力を高める！　─アクティブ・ラーニングを超えていく「研究する」教師へ』日本標準、2017年、pp. 118-129
・渡辺貴裕・岩瀬直樹「より深い省察の促進を目指す対話型模擬授業検討

会を軸とした教師教育の取り組み」『日本教師教育学会年報』第26号、2017年、pp. 136-146

▶ 教師を育てる

　教師を育てるということ、つまり、「『教えること』を教える」ということは、最初に述べたように、これまで多くの場合あまりに安易に捉えられてきました。けれども、本来、「教える」ということだけでもすでに十分複雑な営みです。「教えた」からといって「学べた」とは限らないし、「教える」ためには「学ぶ」ことをどう可能にするかの視点が不可欠となります。そうである以上、オーストラリアの教育学者 J. ロックラン氏が指摘するように、「『教えること』を教える」というのはそれと同様あるいはそれ以上に複雑な営みであるはずです（武田信子監修、小田郁予・齋藤眞宏・佐々木弘記編『J. ロックランに学ぶ教師教育とセルフスタディ　―教師を教育する人のために』学文社、2019年刊行予定）。子どもを対象とした授業で一方的に「正しい答え」を伝えたとしてもそれが必ずしも理解につながらないのと同様、教師や教師志望の学生を対象に一方的に「望ましい授業像」や「望ましい指導方法」を伝えたとしてもそれが必ずしも変容につながるとは限らないわけです。

　近年日本でもようやく、大学での教員養成や学校での実習生指導、現職教員を対象とした学校内外での研修を「教師教育」の実践として統合的に捉える視点が生まれつつあります。また、それらにたずさわる人々、つまり、教職課程を担当する大学教員から教育委員会の指導主事や研修担当者、学校現場で実習生や初任者を育てる役割を担っている人までを「教師教育者」として包括的に捉える視点も生まれつつあります（次の翻訳書でこの問題を扱っています。ミーケ・ルーネンベルク、ユリエン・デンヘリンク、フレット・コルトハーヘン著、武田信子・山辺恵理子監訳『専門職としての教師教育者　―教師を育てるひとの役割、行動と成長』玉川大学出版部、2017年）。

　教師を育てること、教師が育つことに関して学べる読みやすい書籍として、以下の2点をオススメします。

・ 今津孝次郎『教師が育つ条件』岩波書店、2012 年
・ 前田康裕『まんがで知る教師の学び　―これからの学校教育を担うために』『まんがで知る教師の学び 2　―アクティブ・ラーニングとは何か』『まんがで知る教師の学び 3　―学校と社会の幸福論』さくら社、2016 年／ 2017 年／ 2018 年

　「まんがで知る教師の学び」シリーズは、その名の通り漫画の形式でストーリー仕立てで書かれたものですが、「リフレクション」「社会的構成主義」などテーマごとの要点のまとめと文献の案内が充実しており、最初の一歩として有益です。

■ 模擬授業の勉強会を振り返って5人から一言ずつ

あとがき
自分の頭で考える教師であるために

　5名の学生たちと「わたあめ先生」による模擬授業と検討会でのリフレクションを通しての学び、いかがだったでしょうか。

　本書の「セッション」の「深める」には、授業づくりの発想のポイントが計16個登場しました。ただし、これら16個で、ポイントをすべてカバーしているということではもちろんありません。またそもそも、こうしたポイントを覚えてもらうことが本書の一番のねらいというわけでもありません。挙げられたポイントそのものはよく聞くもののように思えるでしょうし、また、こうしたポイントを知るためだけであれば、授業づくりの「知恵」や「コツ」や「原理」などを紹介する本が多数出ています。

　本書で最も目指したのは、模擬授業であれ実際の授業であれ、授業を行ってみて起きたことをこうしたポイントと結びつけて捉え、その意味や別の可能性を考えられるようになってもらうことです。さらには、そうしたポイントそのものを生み出せるようになってもらうことです。授業づくりの考え方とそのための学び方の獲得です。

　それによって、「偉い先生が言っているから」「書籍に書いてあるから」というだけの理由で何らかのやり方を用いるのではなく、自らの頭で考えて授業づくりを行っていくことが可能になります。授業づくりに関する自分なりの知見（佐藤学氏がいう「実践の中の理論」、コルトハーヘン氏がいう「小文字の理論」）を生み出していくことが可能になります。流行の理論やら指導法やらに振り回されず、地に足が付いた形で学び続けることができるようになります。

　念のため述べておくと、これは、授業づくりにあたって既存の教材や手順を真似してはならないということではありません。先人たちが築きあげてきたやり方をなぞってみることは、一定の型を知り自分の幅を広げるためにも有益です。大事なのは、やりっぱなしで終わらないこと。やってみて起きたことをもとに考えること。そうしたリフレクションを習慣化できるかどうかで、教師としての成長のありようが異なってきます。

本書で扱うことができたのは、授業づくりという複雑で広大な領域のうちのごく一部分にしかすぎません。模擬授業の勉強会という設定や書籍としての体裁上、例えば、継続的に子どもたちを指導していく際には重要となる、学びの技法（発言の仕方や交流の仕方など）の育成や活用については扱えていませんし、30名や40名の集団の規模を活用するような授業形態についても扱えていません。本書はあくまでも、みなさんが自身の授業づくりを発展させていくためのきっかけとなるもの。本書で扱えていない部分として他に何があるでしょうか。ぜひ考えてみましょう。そして、自分なりの授業づくりの知見を育んでいくことにチャレンジしてください。

　最後に、本書刊行までのいきさつについてお話ししておきます。

　本書執筆の最初のきっかけは、私の前任校である帝塚山大学での経験です。小学校教師を目指すこども学科の学生たちによる模擬授業の勉強会の開始を後押しし、アドバイザーとして関わるなかで、私自身、模擬授業とその振り返りを通して授業づくりについて学ぶことの意義を認識しました。「教育方法論」「教育課程論」などの担当科目のなかで私が教えてきた（と思っていた）内容が必ずしも彼らに定着していないことにショックを受けるとともに、模擬授業を自分たちで行って困難に直面して彼らに切実な問題意識がある状況であれば、そうした内容も彼らにグイグイ吸収されていくことに感嘆しました。

　その後、私は東京学芸大学教職大学院に職場を移しました。ちょうどカリキュラム改編の時期であったこと、私自身コルトハーヘン氏の理論と出会ったこと、一緒に取り組む同僚の先生方に恵まれたこともあって、模擬授業＆検討会をリフレクションと対話の行い方のトレーニングと結びつけ、それを教職大学院のカリキュラムの中核に据えて、さまざまな取り組みを行ってくることができました。学生らとともにそれを発展させて、「対話型模擬授業検討会」というモデルの提唱にいたりました。模擬授業の検討会を通じて学生たちに培われる学習者視点でのリフレクションが実習校での実践（教職大学院では長期・継続的な実習が行われます）と結びつく様子にも立ち会うことができました。こうした一連の経過は、授業者と学習者の役になって授業をやってみる、模擬授業という形態がもつ意義

と可能性を、私自身が再発見していくプロセスでもありました。

　本書はこうした帝塚山大学および東京学芸大学のみなさんとの出会いが
なければ生まれませんでした。教育方法学と教師教育学の架橋となるこう
したチャレンジをみなさんとともに進めてこられたことに、感謝していま
す。また、本書の草稿の読み合わせや校正にも、多くの学生のみなさんや
現場の先生方に協力いただきました。みなさんのおかげで本書をより読み
やすく、よりリアリティがあって、より読み手の心に訴えかけるものにで
きたかと思います。ありがとうございます。

　本書では、大学での模擬授業＆検討会の取り組みに加えて、学校現場
で出会ってきた多くの先生方の授業からいただいた刺激も、もとになって
います。個別にお名前を挙げることは差し控えますが、あらためて感謝を
申し上げます。

　最後に、くろしお出版の坂本麻美さんには、「考え方」「学び方」に焦点
を合わせる＆架空の登場人物らの話し合いで進むという、扱いにくいコ
ンセプト＆イレギュラーな体裁をもった本書の意義を認めて出版へと尽
力していただいただけでなく、私の原稿が進まないなかでも辛抱強く待っ
て完成まで伴走していただきました。坂本さんのお力添えがなければ本書
が日の目を見ることはありませんでした。ありがとうございました。

2018 年 8 月

渡辺貴裕

ポイント一覧

各セッションで浮かびあがった問いの一覧です。

どんな出来事と結びついていたか覚えていますか？

自分が実践したり参観したりしてきた他の授業にも結びつけて考えられ

ますか？

☑ 1. 発問の前にどんな素地をつくればよいのだろう

☑ 2. 予想や実験を通して子どものなかに育てたいものは何だろう

セッション①　小３理科「物の重さ」より

☑ 3. 授業のねらいは何か

☑ 4. 知識は教師が説明して与えなければならないものか

セッション②　小６社会「参勤交代」より

☑ 5. 子どもはどんな「間違い」をするだろうか

☑ 6. どんなふうに「間違い」を活かせるだろうか

セッション③　小２算数「かけ算の問題づくり」より

☑ 7. その学習内容の面白さはどこにあるのだろう

☑ 8. どうやって発想を刺激すればよいのだろう

セッション④　小２国語「たとえをつかって文を書こう」より

これから経験する授業からも振り返りを深めて、自分なりの「ポイント」を追加していくことに挑戦してみましょう。

- ☑ 9. 一番頭を使わせたいポイントはどこだろう、これまでのどんな学習の発展だろう
- ☑ 10. どうすればどの子にも、問題に取り組むための共通の土台を用意できるだろう

　　　　　　　セッション⑤　小４算数「何倍でしょう」より

- ☑ 11. 自分が特に面白さや発展の可能性を感じる意見はどれだろう
- ☑ 12. この授業は単元のなかでどのように位置づくものだろう

　　　　　　　セッション⑥　小５社会「身のまわりの情報」より

- ☑ 13. どんな教科内容をどんな教材で教えるか
- ☑ 14. 手立てが学習者にとって必然性のあるものになっていたか

　　　　　　　セッション⑦　小４国語「話し合い」より

- ☑ 15. 「表現してみる」ことを活かせないか
- ☑ 16. 意見はグループで「まとめて発表」させないといけないものか

　　　　　　　セッション⑧　小４音楽「とんび」より

索　引

あ

アクティブラーニング　178
足場かけ　100
ALACT モデル　41, 43, 130, 133

い

イーガン　85
伊藤功一　185

う

ヴィゴツキー　100

お

大瀬敏昭　186

か

学習指導案　105
学習内容の面白さ　72
カリキュラムマネジメント　158
感情　82-85, 133

き

基本形となる問題　95
教科内容と教材　146, 152
教材　146, 152, 155, 158
教材分析　110
教師教育　ii, 210, 214
教師教育者　214
「教室で一番物分かりの悪い子ども」
　　になる　58
共通の土台　95

き

記録　132, 187

く

具体化のための質問　133

け

系統性　155, 156
原学習者　79

こ

行為の選択肢の拡大　42, 43
行為の振り返り　41-43, 130, 133
公開研究発表会　40, 159
構成主義の学習観　58
コルトハーヘン　41, 133, 211,
　　217

さ

佐伯胖　35
佐藤学　186, 217
「三角形」の関係　36
参観　183

し

実験場　106, 110, 111
実践記録　159, 160, 188
指導する－指導される　ix, 106
授業研究　185, 186
条件付き模擬授業　111

す

ズレ　18, 83, 134

せ

省察　ii, 186

制約 74, 111
専門家の盲点 64

そ

想像力 85
即興型模擬授業 109
素朴概念 60

た

対話型模擬授業検討会 218
出させっぱなし 120, 127
単元 121

と

問い vii, x, 18, 43, 44, 63, 85,
　　162, 181, 184, 212, 213
同型性 163

に

認知的道具 85

ね

ねらい 28, 146, 152

は

「歯ごたえのある」本 161
発達の最近接領域 100
発問 8, 14
反省的実践 186

ひ

PDCA サイクル 211, 212
必然性 147
評価する－評価される ix, 106
表現と理解の相互循環 173, 178

ふ

フラットな関係 131, 212

ほ

ポジティブな側面 136
保留する 62, 63
本質的な諸相への気づき 41-43,
　　130, 133

ま

間違い 52, 53, 58
学び手としての感覚 63, 106,
　　158, 182

み

見方・考え方 10

め

メタ認知 95

り

リフレクション ii, 40, 41, 186,
　　210-212

わ

ワークショップ 160
分かりなおし 63, 64

渡辺貴裕（わたなべ・たかひろ）

　東京学芸大学教職大学院准教授。1977年兵庫県生まれ。京都大学大学院教育学研究科博士後期課程を研究指導認定退学後、岐阜経済大学、帝塚山大学を経て現職。専門は、教育方法学、教師教育学。「学びの空間研究会」を主宰し、身体と想像力を活かした授業の可能性を実践的に追究している。演劇教育・ドラマ教育関連の業績に関して、日本演劇教育連盟より演劇教育賞、全国大学国語教育学会より優秀論文賞、日本教育方法学会より研究奨励賞を受賞。著書に『ドラマと学びの場』（共編著、晩成書房）、『戦後日本教育方法論史（上)』（共著、ミネルヴァ書房）、『〈教師〉になる劇場』（共著、フィルムアート社）、『時代を拓いた教師たち』『時代を拓いた教師たちⅡ』（共著、日本標準）など。

授業づくりの考え方

小学校の模擬授業とリフレクションで学ぶ

発　行	2019年1月17日　初版第1刷発行
著　者	渡辺貴裕
発行人	岡野秀夫
発行所	株式会社くろしお出版
	〒102-0084　東京都千代田区二番町4-3
	TEL: 03-6261-2867　FAX: 03-6261-2879
	URL: http://www.9640.jp　e-mail: kurosio@9640.jp
イラスト	坂木浩子（ぽるか）
本文デザイン	松好那名
装丁デザイン	折原カズヒロ
印刷所	三秀舎

©Takahiro WATANABE　2019　Printed in Japan
ISBN 978-4-87424-782-2　C1037
● 乱丁・落丁はおとりかえいたします。本書の無断転載・複製を禁じます。